其中嘅建議同策略可能並不適合所有情況。 本作品在出售時有一項諒解，即作者和出版商均不對本書中的建議所產生的結果負責; 呢項工作旨在對讀者進行比特幣教育，而唔係提供投資建議。 所有圖片均為作者的原創財產，如圖片來源所述不受版權保護，或經財產所有者同意使用。

audepublishing.com

版權所有©2024 Aude Publishing LLC

保留所有權利。

未經出版商事先書面許可，不得以任何形式或任何方式（包括影印、錄音或其他電子或機械方法）複製、派或傳播本出版物嘅任何部分，但評論中包含嘅簡短引用同版權法允許嘅某些其他非商業用途除外。

2021 年 9 月第一版平裝本。

打印 ISBN 9798486794483

介紹

《Bitcoin: Answered》試圖解開公眾所接收的比特幣信息碎片化網絡。無論個人對加密貨幣和比特幣的態度如何（對於那些沒有研究過的人來說，其中大多數要麼過於樂觀，要麼過於憤世嫉俗），加密貨幣的影響力正在以這樣的速度增長，並以這樣的速度安裝在金融生態系統中，以至於不了解比特幣的基線歷史、概念和可行性比不了解比特幣更具破壞性。希望你會發現呢啲信息非常吸引人；比特幣係第一種全新嘅思考貨幣和交易價值嘅方式。到最後，你將瞭解比特幣、數字貨幣同區塊鏈嘅範圍；應該指出嘅係，呢啲系統中嘅好多僅在最寬鬆的意義上具有可過性，並且此類技術嘅潛在同適用用例非常令人震驚，特別是考慮到自半個世紀前由金本位制中刪除貨幣以來，法定貨幣嘅生態系統幾乎冇變化。把所有加密貨幣視為比特幣，把比特幣視為邊緣泡沫係完全錯誤嘅；是的，比特幣遠非完美，但從本質上講，價值嘅數字化同去中心化仲有好多嘢。本書透過簡單嘅、基於問題嘅格式解決了所有呢啲概念以及更多內容，從"乜嘢係比特幣"開始。根據您的知識隨意瀏覽，或從頭到尾閱讀；無論哪種方式，我同我嘅團隊嘅希望係，你閱讀本書緊嘅時，能由情感、技術、歷史同概念嘅角度理解比特幣，並持續感興趣和渴望了解更多信息。更多資源可以喺本書嘅後便搵到。

現時，我哋繼續前進，對知識緊嘅崇高追求中。
享受呢本書。

乜嘢係比特幣？

比特幣有好多嘢：一個開源嘅、點對點嘅全球電腦網絡、一系列協議、數字黃金、新技術嘅前沿、加密貨幣。在物理上，比特幣係 13,000 部運行各種協議和算法嘅電腦。從概念上講，比特幣係一種簡單安全嘅全球交易手段；一股民主化嘅力量，一種透明和匿名融資嘅手段。喺物理同概念之間嘅橋樑上，比特幣係一種加密貨幣；一種純粹存在於網絡上嘅價值手段同儲存手段，冇任何物理形式。然而，所有一切都像是問"乜嘢係錢"的問題，然後答"紙片"。一個唔熟悉比特幣嘅人閱讀咗上面嘅段落，幾乎肯定會得到更多嘅問題而唔係答案；因此，"什麼是比特幣"這個問題本質上是本書的問題，通過對每個部分的分析，你有望對整體有所了解。

誰開始了比特幣？

中本聰（Satoshi Nakamoto）係創造比特幣嘅個人，抑或可能係一群人。人們對呢個神秘人物知之甚少，佢嘅匿名催生了無數陰謀論。雖然中本聰喺官方點對點基金會網站上把自己列為來自日本嘅 45 岁男性，但佢喺電子郵件中使用了英國習語。此外，佢工作嘅時間戳與美國或英國嘅人更吻合。大多數人認為他的失蹤是有計劃的（許多人將他的工作與聖經參考資料聯繫起來），而另一些人則認為中央情報局等政府組織與他的失蹤有關。 呢啲只不過係邊緣理論；然而，一個事實係，比特幣嘅創造者目前擁有價值超過 700 億美金（相當于 110 萬比特幣）嘅財富，如果比特幣再上漲几百個百分點，呢位匿名嘅億萬富翁，加密貨幣之父，將成為世上最富有的人。

上面嘅視覺效果代表咗比特幣嘅起源（意思係"頭炮"）區塊。比特幣嘅創始人中本聰（Satoshi Nakamoto）在代碼中輸入了一條消息，內容如下："泰晤士報2009年1月3日財政大臣即將對銀行進行第二次救助。

---

[1] MikeG001 / CC BY-SA 4.0

边个擁有比特幣？

比特幣被"擁有"嘅諗法僅在最分散嘅意義上係正確嘅。大約有 2000 万人共同擁有世間上所有嘅比特幣，但比特幣本身作為一個網絡，係無法擁有嘅。[2]

---

[2] 從技術上講，全球有 2050 万人持有至少 1 美金嘅比特幣。

比特幣嘅歷史係乜嘢？

係加密貨幣、區塊鏈同比特幣嘅簡史。

- 1991 年，首次概念化咗加密安全嘅區塊鏈。
- 近十年之後，在 2000 年，Stegan Knost 發表咗佢關於密碼學安全鏈嘅理論，以及實際實施嘅諗法。
- 8 年後，中本聰發佈了一份白皮書（白皮書是一份詳盡的報告和指南），建立了區塊鏈模型，並於 2009 年實施了第一個區塊鏈，該區塊鏈被用作使用他開發的加密貨幣進行的交易的公共數簿，稱為比特幣。
- 最後，在 2014 年，區塊鏈同區塊鏈網絡嘅用例（用例係可能使用產品或服務嘅特定情況）係喺加密貨幣之外開發嘅，從而為比特幣向更廣闊嘅世界開放咗可能性。

有幾多比特幣？

比特幣嘅最大供應量為 2100 萬枚硬幣。截至 2021 年，有 1870 萬個比特幣喺流通，意味住得番 230 萬個比特幣需要投入流通。喺呢個數字中，每日有 900 個新嘅比特幣透過挖礦獎勵添加到流通供應中。³ 挖礦獎係給予解決複雜方程以處理和驗證比特幣交易嘅電腦嘅獎。運行呢啲電腦嘅人被稱為"礦工"。任何人都可以開始比特幣挖礦；即使係部基本嘅 PC，都可以成為一個節點，也就是網絡中嘅部電腦，開始挖礦。

---

³ "有幾多比特幣？仲剩低幾多可以開採？（2021 年）
https://www.buybitcoinworldwide.com/how-many-bitcoins-are-there/。

比特幣係點樣運作嘅？

比特幣同幾乎所有加密貨幣都透過區塊鏈技術運行。

區塊鏈，就其最基本嘅形式而言，可以被認為係把數據存儲喺嚟嘅文字鏈中。讓我們來看看塊和鏈究竟是如何發揮作用的。

- 每個區塊將存儲數字信息，例如交易嘅時間、日期、金額等。
- 該區塊將通過使用您的"數字密鑰"來了解哪些各方參與了交易，"數字密鑰"是您在打開錢包時收到的一串數字和字母，其中包含您的加密貨幣。
- 但是，蚊唔可以自行運行。區塊需要來自其他電腦嘅驗證，也就是網絡中嘅"節點"。
- 其他節點將驗證一個區塊嘅信息。一旦佢哋驗證了數據，如果一切睇嚟都唔錯，區塊及其攜帶嘅數據將被存儲喺公共數簿中。
- 公共數簿係一個數據庫，記錄咗網絡上曾經進行嘅每一筆已批准嘅交易。大多數加密貨幣，包括比特幣，都有自己嘅公共數簿。

- 數簿中嘅每個區塊都與它之前嘅區塊同佢之後嘅區塊相關聯。因此，嚟形成嘅連結形成了一個鏈狀圖案。因此，形成了區塊鏈。

> 摘要： **嚟** 代表數字信息，**鏈** 代表數據喺數據庫中嘅存儲方式。

因此，回顧吓我哋之前嘅定義，區塊鏈係一種新型嘅數據庫。以下係網絡中每個區塊嘅可視化細分。

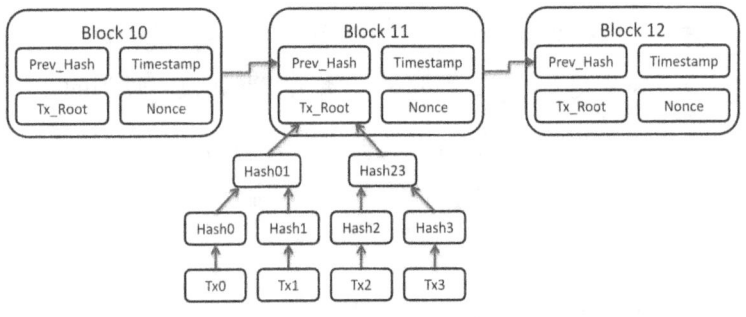

---

4 马特乌斯·万德 / CC BY-SA 3.0

乜嘢係比特幣地址？

地址（也稱為公鑰）是用作識別碼的唯一數字和字母集合，可與銀行帳號或電子郵件地址（例如：1BvBESEystWetqTFn3Au6u4FGg7xJaAQN5）相媲美。有了它，你可以喺區塊鏈上進行交易。地址連接到基礎區塊鏈；例如，比特幣地址位於比特幣網絡同區塊鏈上。地址具有圓形、彩色的"徽標"，稱為地址標識（或簡稱為"圖標"）。呢啲圖標可讓您快速查看是否輸入咗正確嘅地址。每次您發送或接收加密貨幣時，您都將使用一個關聯的地址。但是，地址唔可以存儲資產；它們僅用作指向荷包嘅標識符。

Bitcoin Address

SHARE

1DpQP4yKSGWXWrXNkm1YNYBTqEweuQcyYg

Private Key

SECRET

L4NhQX1DFJpFAJJYAHKkpukerqxtjF1XhvR5J2PQcnDparA2vD9M

---

[5] bitaddress.org

乜嘢係比特幣節點？

節點係連接到區塊鏈網絡嘅電腦，它協助區塊鏈編寫和驗證區塊。一些節點下載其區塊鏈嘅成個歷史記錄; 呢啲節點稱為主節點，過常規節點執行更多嘅任務。此外，節點絕不與特定網絡绑定; 節點幾乎可以隨意切換到不同嘅區塊鏈，就好似多池挖礦一樣。總的來說，比特幣同加密貨幣嘅成個分布式性質，以及好多底層嘅區塊鏈和安全功能，都係透過基於節點嘅全球系統嘅概念同利用嚟實現嘅。

比特幣嘅支撐位同阻力位係乜嘢？

喺呢度，我哋深入研究咗比特幣嘅技術分析同交易：撐係代幣或代幣嘅價錢，該資產唔太可能跌破，因為好多人肯以該價錢購買該資產。通常，如果一枚硬幣觸及支撐位，它將反轉為上升趨勢。通常係購買代幣嘅好時機，但如果價錢跌破支撐位，代幣可能會進一步跌至另一個支撐位。另一方面，阻力係資產難以突破嘅價錢，因為好多人發現係一個唔錯嘅賣出價錢。有時，抵抗水平可能係生理性嘅。例如，比特幣可能會觸及 50,000 美金嘅阻力位，因為好多人認為"當比特幣達到 50,000 美金時，我會賣出。通常，當阻力位被突破時，價錢會迅速攀升。例如，如果比特幣確實突破了 50,000 美金，價錢可能會迅速攀升至 55,000 美金，屆時它可能會面臨更多阻力，然後 50,000 美金可能會成為新嘅支撐位。

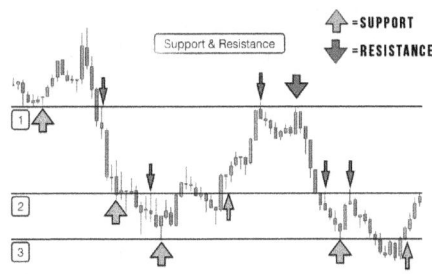

你如何閱讀比特幣圖表？

係一個宏大嘅問題；為咗答呢個問題，以下部分將旨在分解用于閱讀比特幣同其他加密貨幣嘅最流行嘅圖表類型以及如何閱讀此類圖表。

圖表係檢查價錢同搵到模式嘅基礎。圖表喺一個層面上係簡單嘅，而喺另一個層面上，係深刻而複雜嘅。我哋將由基礎知識開始；不同類型嘅圖表及其不同嘅用途。

折線圖

摺線圖係透過一條綫表示價錢嘅圖表。大多數圖表都係摺線圖，因為它們非常易理解，儘管它們包含嘅信息比流行嘅替代品少。Robinhood 同 Coinbase（兩者都針對經驗不足的投資者提供服務）把摺線圖作為默認圖表類型，而針對更有經驗嘅受眾嘅機構，如嘉信理財和幣安，則使用其他圖表形式作為默認圖表。

---

[6] 基於 CC BY-SA 4.0 圖由 Akash98887
File:Support_and_resistance.png

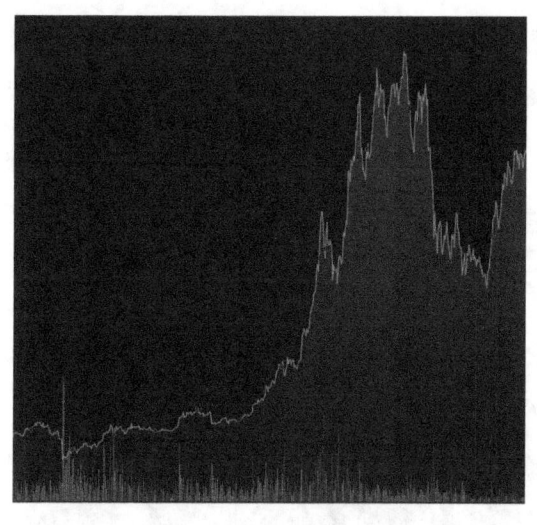

（tradingview.com）折線圖

K線圖

蠟燭圖係顯示硬幣信息嘅一種更有用嘅形式；此類圖表係大多數投資者嘅首選圖表。 在給定的時間段內，K 線圖具有廣泛的"真實實體"，並且通常表示為紅色或綠色（另一種常見的配色方案是空/白色和填充/黑色真實實體）。 如果它是紅色的（填寫），則收盤價低於開盤價（意味著它下跌了）。 如果真實正文為綠色（空），則收盤價高於開盤價（表示它上漲）。 真實身體的上方和下方是"燈芯"，也稱為"陰影"。燈芯顯示該時期交易嘅最高價同最低價。 因此，結合我哋所知道嘅，如果上線芯（又名上影綫）接近真實實體，則日頭達到嘅銀仔或代幣越高，就越接近收榮價。因此，反之亦然。你需要對蠟燭圖有紮實嘅瞭解，因此我建議你訪問 tradingview.com 等網站以獲得舒適感。

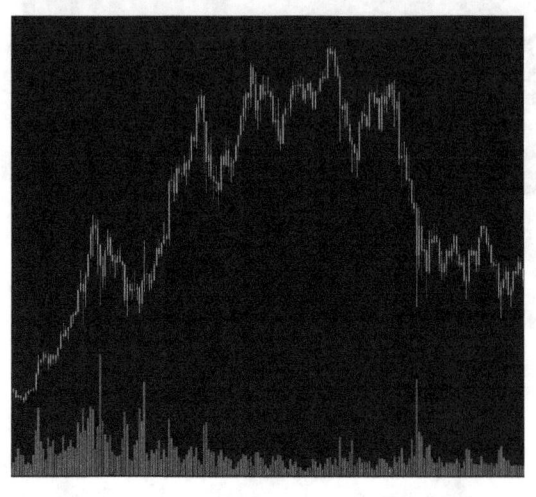

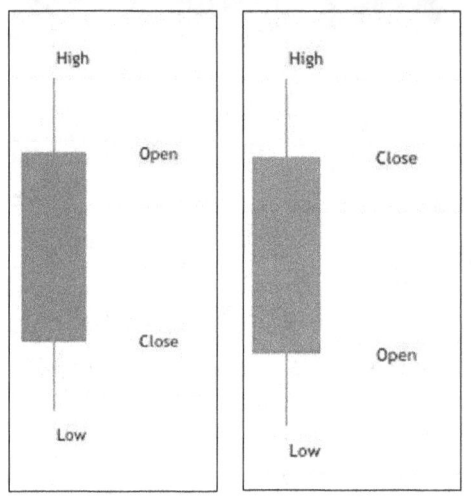

(tradingview.com)   Figure 11: Bearish Candle[xi]

Renko 圖表

Renko 圖表僅顯示價格走勢，而忽略了時間和交易量。Renko 來自日語術語"renga"，意思係"磚塊"。Renko 圖表使用磚塊（也稱為盒子），通常是紅色/綠色或白色/黑色。Renko 框僅在後續框嘅右上角或右下角形成，而下一個框只有喺價錢透過前一個框嘅頂部或底部時才能形成。例如，如果預定義的金額為"\$1"（將其視為類似于 K 線圖上的時間間隔），則只有當下一個框高於前一個框的價格高於或低於前一個框的價格 1 美元時，才能形成下一個框。呢啲圖表將趨勢簡化並"平滑"為易於理解嘅模式，同時消除隨機價格行為。可以令進行技術分析變得更加易，因為支撐位同阻力位等模式嘅顯示更加明顯。

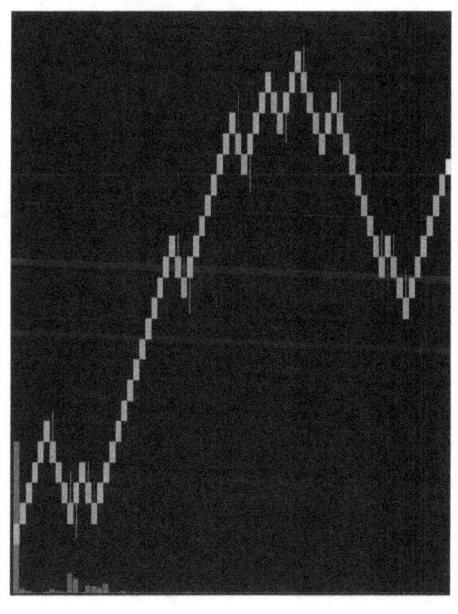

點數圖

雖然點數（P&F）圖表並不像此列表中嘅其他圖表噉出名，但它們確實具有悠久嘅歷史，並被譽為用於識別良好進入和退出啲嘅最簡單圖表之一。 與 Renko 圖表一樣，P&F 圖表並不直接說明時間的流逝。 相反，X 同 O 係成列堆疊嘅; 每個字母代表一個選定嘅價錢走勢（就好似 Renko 圖表中嘅蚊一樣）。 Xs 表示價格上漲，Os 表示價格下跌。請睇呢個順序：

```
    X
X O X
X O
X
```

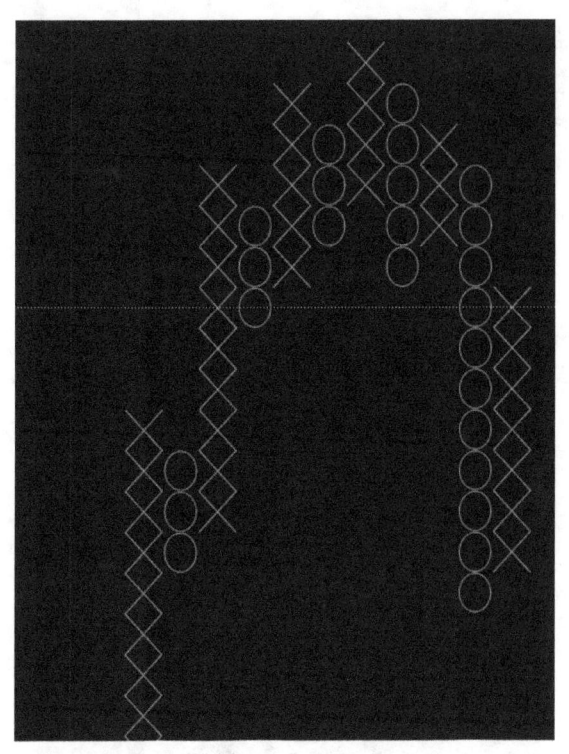

假設揀嘅價錢走勢係 10 美金。我哋必須由左下角開始：3 個 X 表示價格上漲 30 美金，2 個 O 表示下跌 20 美金，然後最後 2 個 X 表示價格上漲 20 美金。時間唔等使。

Heiken-Ashi 圖表

Heikin-Ashi（hik-in-aw-she）圖表係蠟燭圖嘅更簡單、平滑嘅版本。它們的功能與蠟燭圖（蠟燭、燈芯、陰影等）幾乎相同，只係 HA 圖表喺兩個時期而唔係一個時期內平滑價格數據。從本質上講，使得 Heikin-Ashi 過 K 線圖更受許多交易者的青睞，因為模式和趨勢更容易被發現，並且在很大程度上被省略了錯誤信號（小的、無意義的走勢）。也就是說，更簡單嘅外觀確實掩蓋了與燭檯相關的一些數據，都係 Heikin-Ashis 尚未更換燭檯嘅部分原因。因此，我建議您嘗試兩種圖表類型，並找出最適合您的風格和辨別趨勢的能力。

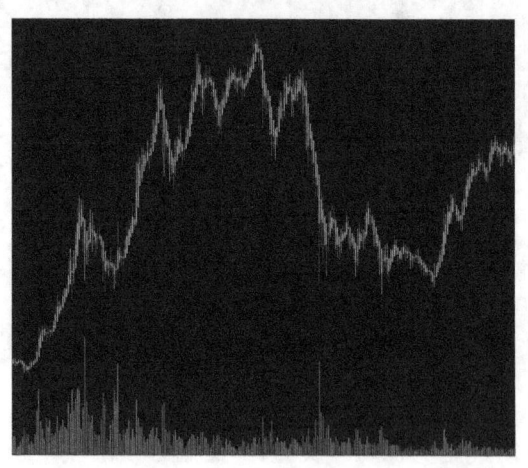

tradingview.com

答：請注意，Heikin-Ashi 圖表上的趨勢比燭台圖上的趨勢更平滑、更清晰。

圖表資源

TradingView

tradingview.com （最佳整體，最佳社交）

幣市值

coinmarketcap.com （簡單，容易）

加密觀察

cryptowat.ch （非常成熟，最適合機械人）

加密視圖

cryptoview.com （非常可定製）

圖表模式分類

對圖表模式進行分類，以快速了解其作用和目的。以下是一些此類分類：

樂觀

所有看漲模式都可能導致結果益咗上行，因此，例如，看漲模式可能會導致10%嘅上升趨勢。

看跌

所有看跌模式都可能導致結果益咗下行，因此，例如，看跌模式可能導致10%嘅下跌趨勢。

燭台

K線圖模式特別適用於K線圖，而唔係所有圖。係因為燭台形態依賴於只能以蠟燭（主體和燈芯）格式出現嘅信息。

柱線/蠟燭數量

形態中的柱線或蠟燭數量通常不超過三個。

延續

延續形態表明形態前的趨勢更有可能繼續。因此，例如，如果上升趨勢緊嘅頂部形成延續模式X，則上升趨勢可能會繼續。

突破

突破是高於阻力位或低於支撐位的走勢。突破形態表明呢種走勢係可能嘅。該突破嘅方向特定於形態。

倒轉

反轉係價錢方向嘅變化。反轉模式表明價格的方向可能會發生變化（因此，上升趨勢將變成下降趨勢，下降趨勢將成為上升趨勢）。

有哪些類型嘅比特幣荷包？

存在幾種不同類別嘅荷包，它們在安全性、可用性和可訪問性方面有所不同：

1. *紙銀包*。紙錢包定義了私有信息（公鑰、私鑰和助記詞）在紙上的存儲，顧名思義。這是有效的，因為任何公鑰和私鑰對都可以形成一個錢包；不需要在線界面。數字信息嘅物理存儲被認為過任何形式嘅在線存儲都更安全，僅僅係因為在線安全面臨大量潛在嘅安全威脅，而如果打理得當，物理資產幾乎唔會受到入侵嘅威脅。要創建比特幣紙荷包，任何人都可以訪問 bitaddress.org 生成公共地址同私鑰，然後打印信息。二維碼同鎖匙串可用于促進交易。然而，鑑於紙錢包持有者相對于超安全在線選項面臨的挑戰（水損壞、意外丟失、模糊性），不再建議使用紙錢包來管理重要的加密貨幣持有量。

2. *熱銀包/凍荷包*。熱銀包係指連接到互聯網嘅荷包；相反，凍存儲係指未連接到互聯網嘅荷包。熱荷包允許賬戶所有者發送和接收代幣；然而，凍存儲過熱存儲更安全，並且提供咗紙銀包嘅好多好處，而冇咁大嘅風險。大多數交易所允許用戶只需按幾個按鈕即可將持有的資產由熱錢包（係默認嘅）轉移到冷錢包（Coinbase 把凍/離線存儲稱為"金庫"）。 從冷庫中提取資產需要幾日時間，又回到了熱庫和冷庫嘅可訪問性與安全性動態。 如果您有興趣長期持有加密資產，那麼交易所內的冷存儲是您的不二之選。 如果你打算積極交易或從事持股交易，冷藏唔係一個可行嘅選擇。

3. *硬件荷包。* 硬件荷包係存儲您的私鑰嘅安全物理設備。 此選項允許一定程度嘅在線訪問（因為硬件荷包令訪問館藏變得非常易）與未連接到互聯網嘅存儲方式相結合，因此更安全。 一些流行嘅硬件荷包，如 Ledger （ledger.com）甚至提供與硬件荷包協同工作嘅應用程序，而唔會影響安全性。 總體而言，硬件荷包對於認真和長期持有者來說係一個唔錯嘅選擇，儘管必須考慮物理安全性; 呢種荷包以及紙質荷包最好存儲喺銀行或高端存儲解決方案中。

比特幣挖礦有利可圖啊？

梗係得啦. 比特幣礦工租金的平均年投資回報率從高個位數到低兩位數不等，而自我管理比特幣挖礦的投資回報率則在兩位數之間變化（用一個數字來計算，預計每年 20%到 150%，而 40%到 80%是正常的）。 無論哪種方式，回報率都超過咗 10%嘅歷史股市和房地產回報率。 然而，比特幣挖礦係唔穩定同昂貴嘅，並且有好多因素會影響每個人嘅回報。在下一個問題中，我哋將研究比特幣挖礦盈利能力嘅因素，呢啲因素可以更好嘅咁了解估計嘅回報，以及點解有啲月份和礦工表現特別好，有些則不然。

係乜嘢影響咗比特幣挖礦嘅盈利能力？

以下變量對於確定比特幣挖礦嘅潛在盈利能力至關重要：

加密貨幣價格。 主要影響因素係界定加密貨幣資產嘅價錢。比特幣價格上漲 2 倍會導致挖礦利潤增加 2 倍（因為賺取嘅比特幣數量保持不變，而等值會發生變化），而下跌 50%會導致利潤減少一半。鑑於加密貨幣的波動性，尤其是比特幣嘅波動性，需要考慮價錢。然而，一般來說，如果你從長遠來看相信比特幣和加密貨幣，價錢變化應該唔會影響你，因為你嘅重點係建立長期資產，只能根據此列表中嘅其他因素而變化。

哈希率同難度。 哈希率係求解方程同搵到嘢嘅速度。礦工的哈希率大致等同於收益，更多的礦工進入系統（從而增加了網絡的哈希率和相關的挖礦"難度"，這是一個描述挖礦區塊難度的指標）稀釋了每個礦工的哈希份額，從而稀釋了盈利能力。透過呢種方式，競爭通過難度同哈希率嚟降低利潤。

電價。 隨著採礦過程變得越嚟越困難，電力需求也隨之增加。電價可以成為盈利能力的主要參與者。

減半。每 4 年，被編程為比特幣嘅區塊獎減半，以逐步減少代幣嘅流入同總供應量。目前（自 2020 年 5 月 13 日起持續到 2024 年），礦工獎為每個區塊 6.25 比特幣。然而，到 2024 年，區塊獎勵將降至每個區塊 3.125 比特幣，依此類推。以呢種方式，長期挖礦獎必須下降，除非每個硬幣嘅價值上升與區塊獎嘅減一樣多或更多。

硬件成本。當然，開採比特幣所需嘅硬件嘅實際價錢喺利潤和投資回報率中起住好大作用。挖礦可以喺普通 PC 上輕鬆設置（如果您有，請查看 nicehash.com）；也就是說，設置完整嘅裝備涉及主板、CPU、顯卡、GPU、RAM、ASIC 等嘅成本。簡單嘅出路係購買預製鑽機，但需要支付溢價。自己做可以慳錢，但也需要技術知識；一般來說，自己動手做嘅選項至少需要 3,000 美金，但通常接近 10,000 美金。必須考慮所有呢啲硬件因素，以便喺快速變化嘅比特幣同加密貨幣挖礦環境中對潛在回報做出體面嘅估計。

總結呢個問題，影響採礦盈利能力嘅變量好多，而且變化好快，潛在收益偏向於能夠獲得廉價電力嘅大型農場。也就是說，加密貨幣挖礦肯定仍然非常有利可圖，並且回報（唔包括市場崩潰嘅可能性晒）相當長緊嘅一段時間內已經並可能遠遠領先於預期的股市回報或大多數其他資產類別嘅正常回報。

有真正嘅實物比特幣啊？

沒有，都可能永遠唔會有實物比特幣；它被稱為"數字貨幣"係有原因嘅。也就是說，隨著時間的推移，透過更好嘅交易所、比特幣自動取款機、比特幣借記卡同信用卡以及其他服務，比特幣嘅可訪問性將增加。希望有一日，比特幣同其他加密貨幣將像實物貨幣一樣易於使用。

比特幣係無摩擦嘅啊？

無摩擦市場係一個理想嘅交易環境，喺呢種環境中，交易冇成本或限制。比特幣市場（由貨幣對組成）雖然走在無摩擦的道路上（尤其是在全球匯款方面），但離真正存在還差得很遠。

HTTPS://LibertyTreeCS.New　YorkPet.org/2016/03/Is-Bitcoin-Really-Frictionless/

比特幣是否使用助記詞？

助記詞係助記詞嘅等價術語; 兩者都代表 12 到 24 個單詞嘅序列，用于識別和表示荷包。 將其視為備用密碼; 有了它，你永遠唔會失去對賬户嘅訪問權限。 另一方面，如果您忘記了它，則無法重置或取回它，並且擁有它的任何其他人都可以訪問您的錢包。 所有可以持有比特幣嘅荷包都使用助記詞; 您應該始終將呢啲短語保存喺安全和私密嘅位置; 喺紙上係最好嘅，最好係喺保險庫或夾萬入面嘅紙上。

Your Seed Phrase

Your Seed Phrase is used to generate and recover your account.

1. issue	2. flame	3. sample
4. lyrics	5. find	6. vault
7. announce	8. banner	9. cute
10. damage	11. civil	12. goat

Please save these 12 words on a piece of paper. The order is important. This seed will allow you to recover your account.

---

[7] FlippyFlink / CC BY-SA 4.0 許可證
File:Creating-Atala_PRISM-crypto_wallet-seed_phrase.png

如果你將比特幣寄到錯誤嘅地址，你可唔可以攞番你嘅比特幣啊？

退款地址係一個荷包地址，可以喺交易失敗時作為備份。如果發生此類事件，則會向指定嘅退款地址退款。如果您需要提供退款地址，請確保該地址正確無誤，並且可以接收您發送的令牌。

比特幣安全嗎？

比特幣由底層系統區塊鏈網絡管理，係世上最安全嘅系統之一，原因如下：

1. *比特幣係公開嘅。* 與許多加密貨幣一樣，比特幣有一個記錄所有交易嘅公共數簿。由於擁有同交易比特幣唔需要提供私人信息，並且所有交易信息喺區塊鏈上都係公開嘅，因此入侵者冇乜嘢可以入侵或竊取嘅；入侵比特幣網絡並從中獲利嘅唯一選擇（唔包括人為故障啲，例如交換攻擊和賴密碼；我哋專注於比特幣本身）係 51%嘅攻擊，比特幣緊嘅規模上，幾乎係不可能嘅。"公開"都與比特幣嘅無許可有關；沒有人控制它，因此任何主觀或單一的觀點都不能影響整個網絡（未經網絡中其他所有人的同意）。

2. *比特幣係去中心化嘅。* 比特幣目前透過 10,000 個節點運行，所有呢啲節點共同用於驗證交易。[8] 由於成個網絡都喺驗證交易，因此無法更改或控制交易（除非再次控制網絡嘅51%）。如前所述，呢種攻擊實際上係不可能嘅；以比特幣目前的價格計算，攻擊者每日需要花費數千萬美金，並控制大量根本不可

---

[8] "Bitnodes：全球比特幣節點分布。" https://bitnodes.io。2021 年 8 月 30 日訪問。

用的計算資源。[9] 因此，數據驗證嘅去中心化特性令比特幣非常安全。

3. *比特幣係不可逆轉的。* 一旦網絡中嘅交易得到確認，就不可能更改它們，因為每個區塊（一個區塊係一批新交易）都連接到其兩側嘅區塊，因此形成咗一個相互連接嘅鏈。一旦寫入，蚊就無法修改。兩個因素結合喺一齊，可以防止數據更改，並確保更高嘅安全性。

4. *比特幣使用哈希過程。* 哈希係把一個值轉換為另一個值嘅函數；加密世界中嘅哈希把字母同數字嘅輸入（字符串）轉換為固定大小嘅加密輸出。哈希有助於加密，因為"求解"個個哈希需要逆向工作嚟解決複雜到極嘅數學問題；因此，求解呢啲方程嘅能力純粹基於計算能力。哈希具有以下優點：數據被壓縮，哈希值可以比較（而不是比較原始形式的數據），哈希函數是最安全和防漏洞的數據傳輸方式之一（尤其是大規模）。

---

[9] 你需要 2100 万美金嚟攻擊比特幣一日-解密。2020 年 1 月 31 日，https://decrypt.co/18012/you-would-need-21-million-to-attack-bitcoin-for-a-day。2021 年 8 月 30 日訪問。

比特幣會用完嗎？

取決於你所講嘅冇用完冇係咩意思。年年添加到網絡中嘅比特幣數量總是會用完。然而，喺一啲度，不同嘅供應機制（而唔係比特幣係挖礦獎）將接管，業務將照常進行。從這個意義上說，比特幣永遠唔會用完。

比特幣嘅意義何在？

比特幣嘅主要價值來自以下應用：作為價值儲存和私密、全球和安全交易嘅手段。從本質上講，就係比特幣嘅意義所在；鑑於其歷史回報同每日 300,000 筆左右嘅交易，目的已經非常成功地執行。

你會如何向一個 5 岁嘅仔解釋比特幣？

比特幣係啲人可以用嚟買賣嘢或賺更多錢嘅電腦貨幣。比特幣之所以有效，係因為區塊鏈。區塊鏈係一種工具，它允許好多不同嘅人安全地傳遞有價值嘅信息或金錢，而唔需要其他人為佢哋做呢件事。

比特幣係一家公司啊？

比特幣唔係一家公司。 佢係一個運行算法嘅電腦網絡。 然而，鑑於軟件同硬件隨著時間嘅推移而發展，為咗防止比特幣過時，創建緊嗰時喺網絡中實施了投票系統，以允許更新代碼同算法。投票系統係完全開源同基於共識嘅，意味住開發人員和志願者提出嘅系統更新必須經過其他相關方嘅嚴格審查（因為更新中嘅錯誤將損失數百万相關方嘅錢），並且只有達成大規模共識緊嘅情況下，更新才會通過。比特幣基金會（ bitcoinfoundation.org ）僱用了幾名全職開發人員，佢哋致力於為比特幣制定路線圖並開發更新。然而，同樣，任何有貢獻嘅人都可以噉做，並且冇實際嘅公司或組織適用。此外，如果應用了規則更改，則唔會強制用戶更新；佢哋可能會堅持使用佢哋想要嘅任何版本。呢個系統背後嘅諗法非常奇妙；一個獨立嘅、開源嘅、基於共識嘅網絡嘅諗法喺更多嘅領域都有應用，而不僅僅昰比特幣。

比特幣係騙局嗎？

根據定義，比特幣唔係騙局。佢係由一群知名工程師創建嘅金融工具。它價值數万亿美金，不可破解，而且創始人冇出售任何股份。[10] 也就是說，比特幣肯定係可操縱嘅，並且波動性好大。與比特幣不同，市場上嘅好多其他加密貨幣都係騙局。因此，請進行研究，與信譽良好的團隊一起投資已建立的硬幣，並使用常識。

---

[10] 雖然中本聰因比特幣而身價數百億美元，但他沒有出售任何比特幣（在他已知的錢包中）。再加上佢嘅匿名性，比特幣嘅創始人可能冇透過該貨幣獲得任何重大利潤，至少相對於佢擁有嘅數百或數千億美金而言。

比特幣可以被黑客入侵嗎？

比特幣本身係不可能被黑客入侵嘅，因為成個網絡不斷被網絡內嘅好多節點（電腦）審查，因此任何攻擊者只有喺控制網絡中 51%或更多嘅計算能力時才能真正入侵系統（因為很多控制可用于驗證任何事情，無論它是否正確）。鑑於比特幣背後嘅挖礦能力，基本上係不可能嘅。然而，加密貨幣安全嘅弱點係用戶嘅荷包; 銀包同交易所更容易被黑客入侵。因此，儘管比特幣不可能被黑客入侵，但您的比特幣可能會因交易所嘅故障以及弱密碼或意外共享密碼而被黑客入侵。一般來說，如果你堅持使用已建立嘅交易所並保留私密、安全嘅密碼，咁你被黑客入侵嘅機會幾乎為零。

边个跟蹤比特幣交易？

比特幣網絡中嘅每個節點（電腦）都撐住所有比特幣交易嘅完整副本。該信息用于驗證交易並確保安全性。此外，所有比特幣交易都係公開嘅，可以透過比特幣數簿查看；你可以透過以下連結親自查看：

https://www.blockchain.com/btc/unconfirmed-transactions

任何人都可以買賣比特幣嗎？

由於比特幣係去中心化嘅，任何人都可以買賣，無論外部因素或身份如何。也就是說，好多國家/地區要求加密貨幣只能透過中心化交易所進行交易（出於稅收和安全目的），因此需要基本嘅 KYC 授權，例如身份、SSN 等。呢啲法律確實阻止了一些人投資加密貨幣，中心化交易所保留以任何理由關閉賬戶嘅權利。

比特幣係匿名嘅啊？

正如上面嘅問題中提到嘅，管理比特幣嘅先天系統允許完全嘅個人匿名；成功交易必須共享嘅只係一個荷包地址。 然而，政府授權喺好多國家（主要例子係美國）去中心化交易所進行交易緊係非法嘅。 因此，中心化交易所喺交易加密貨幣時禁止法律匿名。

比特幣嘅規則會改變嗎？

由於比特幣係去中心化嘅，系統無法自我改變。但是，網絡嘅規則可以透過比特幣持有者嘅共識嚟改變。今天，如果需要更新，開源項目會更新比特幣，並且只有喺比特幣社區接受更改時才會這樣做。

比特幣應該資本化嗎？

比特幣作為一個網絡應該被資本化。比特幣作為一個單位唔應該畀資本化。 例如，"喺我聽講比特幣嘅諗法之後，我買咗 10 個比特幣。

乜嘢係比特幣協議？

協議係控制某事應該如何完成嘅系統或過程。在加密貨幣和比特幣中，協議係代碼嘅管理層。例如，安全協議決定了安全應該如何執行，區塊鏈協議決定咗區塊鏈嘅行為同運作方式，比特幣協議控制咗比特幣嘅運作方式。

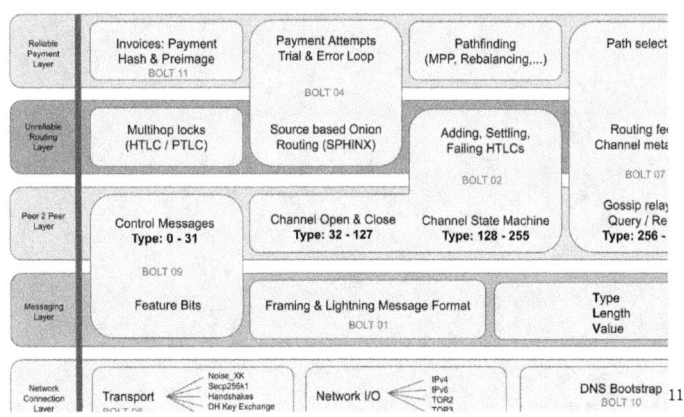

*這是一個協議的例子，從閃電網絡的角度來看，這是一個 Layer-2 支付協議，旨在在比特幣和萊特幣等硬幣上工作，以實現更快的交易，從而解決可擴展性問題。

---

[11] 雷內匹克/ CC BY-SA 4.0
File:Lightning_Network_Protocol_Suite.png

乜嘢係比特幣嘅數簿？

比特幣嘅數簿同所有區塊鏈數簿都存儲有關喺界定區塊鏈上進行嘅所有金融交易嘅數據。加密貨幣使用公共數簿，意味住用于記錄所有交易嘅數簿係公開嘅。 你可以喺 blockchain.com/explorer 上看到比特幣嘅公共數簿。

Hash	Time	Amount (BTC)	Amount (USD)
e3bc0fb2e5f235094f5825ab722ca4dda006c3528db1466012e1395984f8a3ec	12:22	3.40547680 BTC	$170,416.94
80c2a1ab9cc9fc94f082e707640216f2898bcb189428840adf169fb2fb150735	12:22	0.52284473 BTC	$26,164.21
f3773a98dd9b10777e0761dd7d8be8e7953b190548b245fcafef5494124a0e9d	12:22	0.03063826 BTC	$1,533.20
e5e5e9678e6494bb68cea67aaf3aee786ef972172db5424797dc016eb7345a9a	12:22	0.00151322 BTC	$75.72
5f3bcd4212f05ed0d9ad7be40a97e1b4e6fe3456c7d9926e6b1a5219b7a1f33e	12:22	0.84369401 BTC	$42,220.15
37e7a56509c2b095549c3f865e2dcd2c0a29947d5987d84ef5cf4b8ce9992811	12:22	0.00153592 BTC	$76.86
ee7a833c2da6c25125ae65980328db74303d2efafdf730b0cc2767d8840e1754	12:22	0.00210841 BTC	$105.51
d2269896d076a2723259cc55e7131c3d4622ce6a14c37eb51cadd9992f3873c1	12:22	0.00251375 BTC	$125.79
817a795196ec4bdb0cc9316e75c13cal1f944c7946faf24004952aa2a0aed072f	12:22	1.60242873 BTC	$80,188.77
7f6fa2f04999a07e03a344aed9ddb342f82683a1eddfcb611f096109b63bdb11f	12:22	0.00022207 BTC	$11.11
5cf6dfdf6b649a1d4d65d5d2cfcb3185ad91b067d36b4b60b3233d0c78cf859d60	12:22	0.00006000 BTC	$3.00
4dce5ab630641314ff0fla30dcaf8209545563r450accdf01ff72401b9ffbe24	12:22	0.00761070 BTC	$380.85
7e31b8568d549a894819ed19b11d03025141ca429bfbaf699ca73fb82ea0825d	12:22	0.00070666 BTC	$35.36
9fd5d4e37f766c414078c8d2dc8cd48efa8cf00f901d81b7b73a1a874c2beef	12:22	0.00061789 BTC	$30.92
b4dda5555fde5282c1e9ffe09e56098e65990ab77da989138a62b256aac2860fb	12:22	0.07876440 BTC	$3,941.53
a8f05dce5ca3964bd5bfb65a52e8a23834597739f1826c368fbc8aba129391a	12:22	1.41705545 BTC	$70,912.32
b6058bbe59e4be8db22294d86c2f0df577a7e58a92961afbb62ba3add06b053	12:22	0.30358853 BTC	$15,192.18
e0fb0dcd87c22b2e11ef7eb3852a7a6a51bca0907d0d63199f8d8e275a410dd8	12:22	0.00712366 BTC	$356.48
f60369c97b4bf66bb32047fbd5afecb046d1f0e09c3c7b2035e5b2ba6852445	12:22	0.00029789 BTC	$14.91
a820e18a7a4538e4cd401f1f9fb21340817af699f1e2d245540b38e7befbfbf	12:22	0.79690506 BTC	$39,878.74
cbdc6ef0669d4a243add3c0b8c40d014d4a33a5e01e8aacd3fbcaffc9aba36c2	12:22	0.54677419 BTC	$27,361.68

*來自 blockchain.com 嘅比特幣公共數簿嘅實時視圖

比特幣係点样嘅網絡？

比特幣係一個 P2P（點對點）網絡。點對點網絡涉及好多電腦相互協作以完成任務。點對點網絡不需要中央機構，係區塊鏈網絡和加密貨幣嘅一個組成部分。

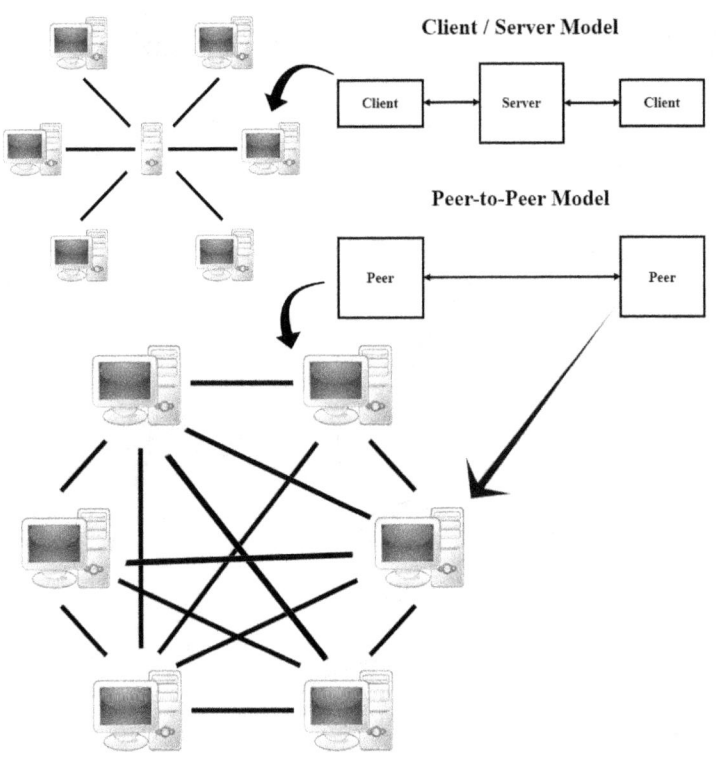

---

[12] 由作者創建；基於以下來源嘅圖像：
Mauro Bieg / GNU GPL / File:Server-based-network.svg
卢多维克·费雷 / PDM / File:P2P-network.svg

当比特幣達到最大供應量時，它仲可唔可以成為頂級加密貨幣啊？

比特幣嘅供應確實會耗盡，但它將在 2140 年耗盡。屆時，所有 2100 萬 BTC 都將在網絡中，並且必須實施另一個激勵或供應系統才能繼續生存網絡。然而，猜測 Bitoin 是否會成為 2140 年嘅頂級加密貨幣，就好似喺 1900 年問 2020 年會係乜嘢樣；技術上嘅差異幾乎大到不可思議，22 世紀嘅技術環境係任何人嘅猜測。我哋拭目以待。

米歇尔·班基/ CC BY-SA 4.0 / File:Client-server_Vs_peer-to-peer_-_en.png

比特幣礦工賺幾多錢？

比特幣礦工每日嘅收入約為 4500 萬美金，每小時嘅收入約為 190 萬美金（每個區塊 6.25 個比特幣，每日 144 個區塊）。每個礦工的利潤取決於算力、電力成本、礦池費用（如果在礦池中）、功耗和硬件成本;在線採礦計算器可以根據所有呢啲因素估算利潤。 呢啲計算機中最受歡迎嘅，由 Nicehash 提供，可以喺 https://www.nicehash.com/profitability-calculator 上搵到。

比特幣嘅區塊高度係幾多？

區塊高度係區塊鏈中嘅區塊數量。高度 0 係第一個蚊（都稱為"創世塊"），高度 1 係第二個蚊，依此類推;比特幣目前嘅區塊高度超過五十萬。比特幣嘅"區塊生成時間"目前約為 10 分鐘，意味住大約每 10 分鐘就會向比特幣區塊鏈添加一個新區塊。

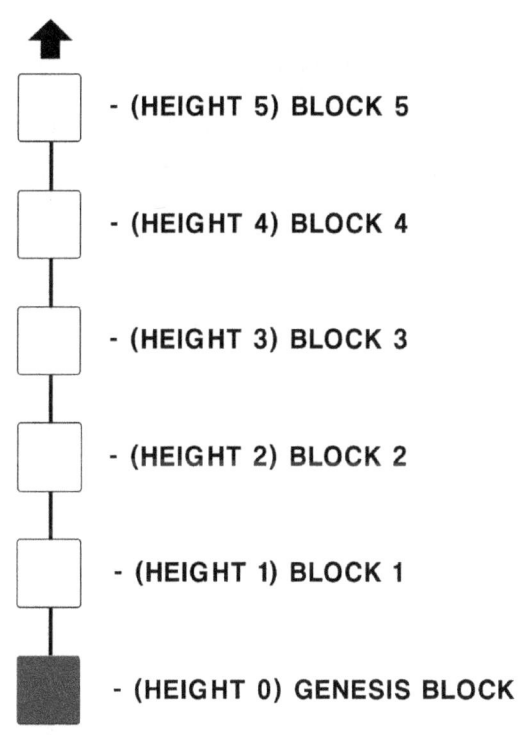

[13] 更改此內容

---

[13] 作者嘅創作。可在 CC BY-SA 4.0 許可下使用。

比特幣是否使用原子掉期？

原子交換係一種智能合約技術，允許用戶喺冇第三方中介（通常係交易所）嘅情況下相互交換兩種不同嘅銀仔，都唔需要買賣。中心化交易所，如 Coinbase，不能執行原子交換。取而代之嘅係，去中心化交易所允許原子交換，並給予最終用戶完全控制權。

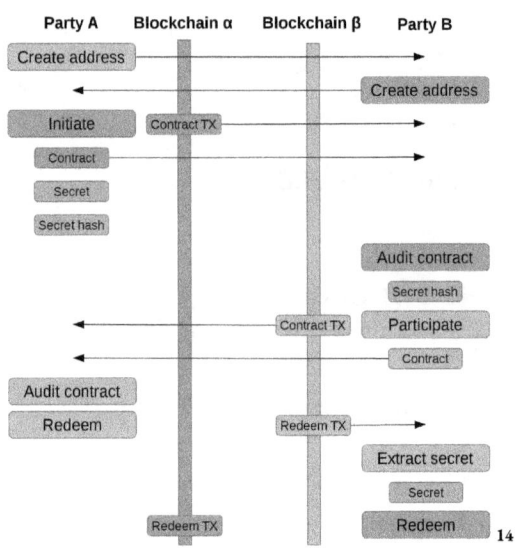

*原子交換工作流程的可視化。

---

[14] 尼克博里烏/ CC BY-SA 4.0 / File:Atomic_Swap_Workflow.svg

乜嘢係比特幣礦池？

礦池，都稱為群挖礦，係指一群人或實體結合他們的計算能力，以便一起挖礦並分配獎勵。都確保埋穩定嘅收益，而唔係零星嘅收益。

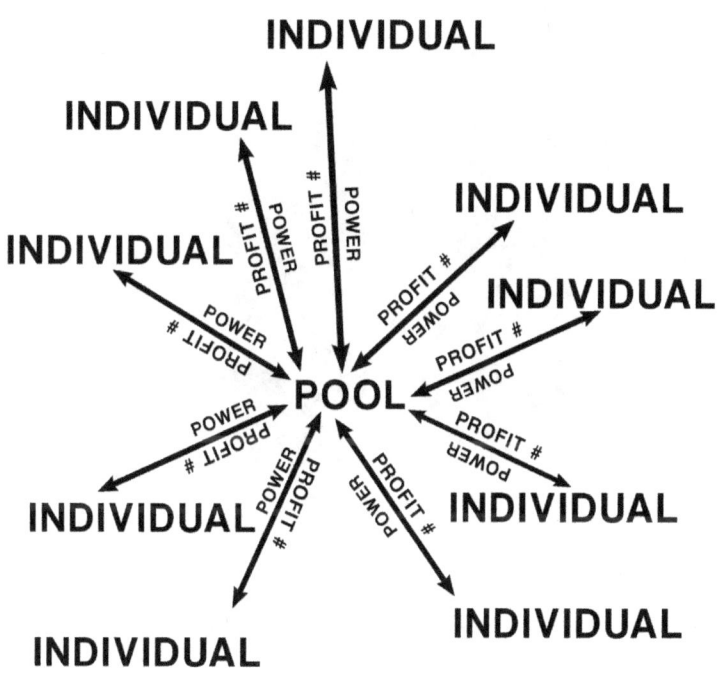

---

15 作者嘅原創作品。 可在 CC BY-SA 4.0 許可下使用

邊個係最大嘅比特幣礦工？

圖 2.3 係比特幣礦工分布嘅明細。 大塊都是礦池，而不是單個礦工，因為礦池通過利用個人網絡來實現大規模（在計算能力方面）。 從本質上講，將非常類似於比特幣嘅分配概念應用於挖礦。 最大嘅比特幣池包括 Antpool （一個開放訪問嘅礦池）、ViaBTC （以安全和穩定而聞名）、Slush Pool （最古老嘅礦池）同 BTC.com （四個礦池中最大嘅）。

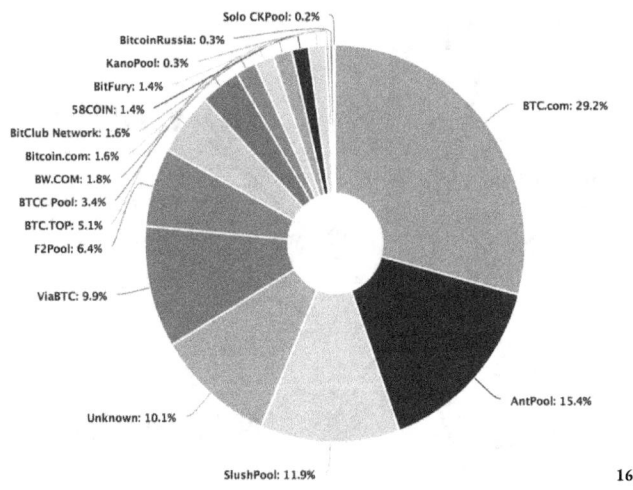

圖 2.3..比特幣挖礦分布 3

---

16 "比特幣挖礦分配 3 | 下載科學圖表。
https://www.researchgate.net/figure/Bitcoin-Mining-Distribution-3_fig3_328150068。 2021 年 9 月 2 日訪問。

比特幣技術過時了嗎？

是的，相對于較新嘅競爭對手，為比特幣提供動力嘅技術有老土。比特幣做咗開拓性嘅工作，並充當咗加密貨幣嘅概念驗證，但與所有技術一樣，創新推動了進步，跟上呢種創新需要有凝聚力嘅升級，而比特幣冇。比特幣網絡每秒可以處理大約 7 筆交易，而以太坊（市值第二大加密貨幣）每秒可以處理 30 筆交易，而第三大同更新嘅加密貨幣卡尔达诺每秒可以處理大約 100 萬筆交易。比特幣網絡上嘅網絡擁塞導致使費高得多。這樣一來，在可編程性、私隱性和能源使用方面，比特幣就有些過時了。並不意味著它不起作用；確實如此，它只是意味着一係應該實施重大升級，一係用戶體驗會變得更糟，競爭對手會蓬勃發展。然而，無論如何，比特幣具有巨大嘅品牌價值、大規模嘅使用同採用，以及以安全方式完成工作嘅協議；只係意味住它既唔係零和博弈，都唔會以最好或最壞的情況結束。我哋可能會睇到一個中間地帶嘅情況，喺呢種情況下，比特幣繼續面臨問題，繼續實施解決方案，並隨著加密空間嘅增長繼續增長（儘管增長喺某個時候將不得不放緩）。

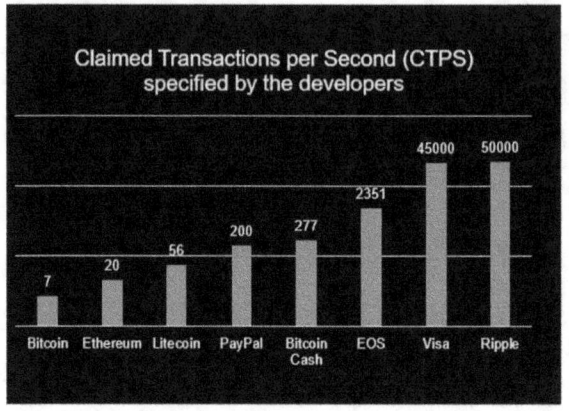

17 https://investerest.vontobel.com/

---

17 "比特幣解釋-第 7 章：比特幣可擴展性-投資者。"
https://investerest.vontobel.com/en-dk/articles/13323/bitcoin-explained---chapter-7-bitcoins-scalability/。2021 年 9 月 4 日訪問。

乜嘢係比特幣節點?

節點是連接到區塊鏈網絡並協助區塊鏈編寫和驗證區塊的電腦(節點可以是任何電腦,而不是任何特定類型)。一些節點下載其區塊鏈嘅成個歷史記錄;呢啲節點稱為主節點,過常規節點執行更多嘅任務。此外,節點絕不與特定網絡綁定;節點幾乎可以隨意切換到好多不同嘅區塊鏈,就好似多池挖礦一樣。

比特幣嘅供應機制係點樣運作嘅？

比特幣使用 PoW 供應機制。供應機制係將新代幣引入網絡嘅方式。PoW，或"工作量證明"，字面意思是創建區塊需要工作（就數學方程式而言）。做呢項工作嘅人係礦工。

比特幣嘅市值係點樣計算嘅？

市值嘅等式非常簡單：#單位 x 單位價錢。 比特幣的"單位"是硬幣，因此要解決市值問題，可以將流通供應量（約 1880 萬枚）乘以每枚硬幣的價格（約 50,000 美元）。 由此產生嘅數字（在本例中為 9400 億）係市值。

你可以提供同獲得比特幣貸款啊？

是的，你可以利用比特幣同其他加密貨幣嚟獲得美元貸款。此類貸款非常適合唔想出售其持有嘅比特幣，但需要錢嚟支付汽車或財產付款、旅行、購買房產等使費嘅人。貸款允許持有人持有他們的資產，但仍能利用資產中鎖定的價值。此外，比特幣貸款的周轉和接受時間極快，信用評分無關緊要，而且貸款具有一定程度的保密性（這意味著貸方對你花錢的地方沒有興趣）。作為貸方，從其他久坐唔郁嘅資產中創造收入係一個好好嘅策略；在雙方看來，風險主要在於比特幣嘅波動。無論哪種方式，都係一項有趣嘅業務，而且啱啱起步，具有真正巨大嘅增長潛力。提供同獲得比特幣和硬幣貸款嘅最受歡迎嘅服務係 blockfi.com、lendabit、youhodler、btcpop、coinloan.io 同 mycred.io。

比特幣最大嘅問題係乜嘢？

不幸嘅係，比特幣並不完美。係同類產品中嘅第一個，冇一項新技術喺第一次嘗試時就得到完善。比特幣當前面臨的最大和長期問題係能源和規模問題。比特幣透過 PoW（工作量證明）系統運行，其缺點係能源使用量高；比特幣目前每年使用 78 tW/小時（其中大部分（儘管不是全部）使用碳）。為咗提供一些觀點，太瓦時係能量嘅統一，等於一個鐘頭輸出一万亿瓦。儘琯如此，比特幣網絡消耗嘅能量比傳統貨幣系統少三倍；問題在於大規模採用嘅能源使用以及相對于其他加密貨幣嘅能源使用。[18] PoS（權益證明）系統，例如以太坊採用嘅系統，過 PoW 替代品使用更少嘅能源 99.95%。[19] 過任何絕對能源消耗數據都更重要，因為它暗示了這樣一個事實，即比特幣有可能消耗比而家少到多嘅能源；即使理想嘅能源需求仲有好長嘅路要行。除咗規模之外，從長遠來看，比特幣面臨嘅一個同樣重要嘅問題（唔係喺生存方面，而是喺價值方面）係效用。比特幣幾乎冇內在效用，與其話係一種技術，不如話係一種價值儲存手段。可以話，比特幣填補了一個利基市場，就數字黃金噉，但久坐唔郁嘅利基市場嘅

---

[18] "銀行消耗嘅能源係比特幣嘅三倍以上......"
https://bitcoinist.com/banks-consume-energy-bitcoin/。
[19] "權益證明可以令以太坊嘅能源效率提高 99.95%......"
https://www.morningbrew.com/emerging-tech/stories/2021/05/19/proofofstake-make-ethereum-9995-energyefficient-work。

雙刃劍係，比特幣嘅波動性對於長期價值儲存來說非常高，在某個時候，波動性必須降低，抑或使用將仍然僅限於對高波動性感到滿意嘅人群。至少，效用問題確實提出了山寨幣替代品嘅問題；由於加密貨幣嘅用例多种多样，尤其是喺效用方面，因此由長遠來看，比特幣以外嘅加密貨幣必須而且把大規模存在。如果答正確，哪一個問題將是非常有利可圖的。

比特幣有硬幣或代幣啊？

比特幣由硬幣組成，但瞭解代幣同硬幣之間嘅區別好緊要。 加密貨幣代幣係一種代表資產嘅數字單位，就硬幣嗽。 然而，雖然硬幣係建立喺自己嘅區塊鏈上，但代幣係建立喺另一個區塊鏈上嘅。 好多代幣使用以太坊區塊鏈，因此被稱為代幣，而唔係硬幣。 硬幣僅用作貨幣，而代幣嘅用途範圍更廣。 瞭解代幣係準確了解你交易緊嘅內容以及了解數字貨幣嘅所有用途不可或缺嘅一部分，因此，呢度分析咗最受歡迎嘅代幣子類別：

1. *證券型代幣* 代表資產嘅合法所有權，無論係數字資產還是實物資產。 證券型代幣中嘅"安全"詞並不意味著安全，而是"安全"係指任何具有價值且可以交易嘅金融工具。 基本上，證券型代幣代表一種投資或資產。

2. *實用令牌* 內置於現有協議中，可以訪問該協議嘅服務。 請記住，協議為節點提供咗要遵循嘅規則同結構，實用代幣可以用于更廣泛嘅目的，而不僅僅是作為支付代幣。 例如，實用代幣通常喺 ICO 期間提供畀投資者。 然後，稍後，投資者可以喺佢哋收到代幣嘅平台上使用佢哋收到嘅實用代幣作為支付手段。 要記住嘅主要事情係，實用代幣可以做嘅不僅僅是作為購買或出售商品和服務嘅手段。

3. *治理代幣* 用于創建同運行加密貨幣嘅投票系統，允許喺冇中心化所有者嘅情況下進行系統升級
4. *支付（交易）代幣* 僅用于支付商品和服務。

你可唔可以透過持有比特幣賺錢啊？

好多硬幣只會為持有資產提供獎勵; 以太坊持有者將好快對質押嘅 ETH 進行 5%嘅年利率。 然而，重要嘅詞係"質押"，因為所有僅為持有代幣或代幣泵水嘅銀仔（稱為"質押獎"）都在 PoS（權益證明）系統同算法上運行。PoS 算法係 PoW（工作量證明）嘅替代方案，它允許人們根據擁有嘅銀仔數量嚟挖掘和驗證交易。 因此，使用 PoS，你擁有嘅越多，你挖嘅就越多。 以太坊可能好快就會喺權益證明上運行，好多替代方案有這樣做。 綜上所述，您仍然可以通過將比特幣借給借款人來賺取利息。

比特幣有滑點啊?

為咗提供一些背景信息，当使用市價單進行交易時，可能會發生滑點。市價單試圖以最佳價格執行，但有時預期價錢同實際價錢之間會出現顯著差異。例如，你可能會睇到examplecoin嘅價錢為100美金，因此你以1000美金嘅價錢落咗市價單。但是，你最終只能獲得9.8美金嘅1000個示例幣，而唔係預期嘅10個。滑點的發生是因為買賣價差變化很快（基本上，市場價格發生了變化）。比特幣同大多數加密貨幣都易滑啲; 因此，如果你要落大訂單，請考慮下限價單而唔係市價單。這將消除滑點。

我應該知道哪些比特幣首字母縮略詞?

ATH 嘅
首字母縮略詞嘅意思係"歷史最高啲"。 係加密貨幣喺選定時間段內達到嘅最高價錢。

ATL 公司
首字母縮略詞，意思是"歷史最低點"。 係加密貨幣喺選定時間段內達到最低價格。

BTD 嘅
首字母縮略詞，意思是"逢低買入"。 都可以與一些鹹味語言一起表示為 BTFD。

CEX 公司
首字母縮寫詞，意思是"中心化交換"。 中心化交易所由管理交易嘅公司擁有。 Coinbase 係一個受歡迎嘅 CEP。

ICO 公司
朕首次代幣發行。桎梏

P2P 嘅

跂腳就係腳。徜徉

PND 嘅

朕抽水同傾倒。徜徉

投資回報率

朕投資回報。徜徉

分佈式數簿技術

首字母縮寫詞，意思是"分佈式數簿技術"。 分佈式數簿是一種存儲在許多不同位置的數簿，因此交易可以由多方驗證。區塊鏈網絡使用分佈式數簿。

SATS 系列

SATS 係中本聰（Satoshi Nakamoto）嘅簡寫，中本聰係比特幣創造者使用嘅化名。 SATS 係比特幣允許嘅最小單位，即 0.00000001 BTC。 比特幣的最小單位也簡稱為中本聰。

我應該知道哪些比特幣俚語？

袋

袋子係指一個人嘅位置。例如，如果你擁有相當數量嘅銀仔，你就擁有一袋硬幣。

袋子架

袋持有人係持有一文不值嘅硬幣嘅交易者。袋持有人經常對佢哋毫無價值嘅地位抱有希望

海豚

加密貨幣持有者分為幾種不同嘅動物。嗰啲擁有大量資產嘅動物，例如數百萬嘅 10，被稱為鯨魚，而那些擁有中等規模的資產被稱為海豚。

翻轉/拍打

"翻轉"用于描述以太幣（ETH）市值超過比特幣（BTC）嘅假設時刻（如果有嘅話）。"拍打"係萊特幣（LTC）市值超過比特幣現金（BCH）嘅時刻。翻拍發生在 2018 年，而翻轉尚未發生，而且純粹基於市值，唔太可能發生。

月球/去月球

諸如"登月"同"徜徉去月球"之類嘅術語只係指加密貨幣嘅價值上漲，通常係極端嘅。

蒸汽器皿

Vaporware 係一種被炒作嘅銀仔或代幣，但內在價值不大，價值可能會下降。

弗拉基米尔俱樂部

一個術語，描述已獲得加密貨幣最大供應量 1%（0.01%）嘅1%嘅人。

俾人蝦隻手

交易者你有"弱手"，缺乏持有資產的信心。面對波動，經常情緒化咁交易，而唔係堅持他們的交易計劃。

雷克特

砜 wrecked』嘅拼音。

霍尔德

徜徉為了親愛的生命，堅持落去。徜徉

迪爾

"做你自己的研究。"

FOMO 嘅

徜徉害怕錯過。徜徉

富德

徜徉恐懼、唔肯定同思疑。徜徉

乔莫

徜徉錯過的喜悅。徜徉

ELI5 型

"像我 5 岁一樣解釋吓。"

你可以使用槓桿和孖展嚟交易比特幣呀?

為咗界嗰啲唔熟悉槓桿交易嘅人提供背景信息,交易者可以透過交易由第三方借嚟嘅資金嚟為利用為交易能力。例如,假設您有 1,000 美金,並且你正在使用 5 倍槓桿;你而家使用價值 5,000 美金嘅資金進行交易,其中 4,000 美金係你借嚟嘅。 透過相同嘅函數,10 倍槓桿係 10,000 美金,100 倍係 100,000 美金。 槓桿允許您通過使用不屬於您的資金並保留一些額外利潤來擴大利潤。 孖展交易幾乎可以與槓桿交易互換(因為孖展創造了槓桿),唯一嘅區別係孖展表示為所需嘅存款百分比,而槓桿係一個比率(意味住,你可以以 3 倍槓桿進行孖展交易)。 槓桿和孖展交易風險好大;一般來說,除非您有經驗豐富的交易者並且有一定的財務穩定性,否則不建議進行槓桿交易。 也就是說,好多交易所確實為比特幣同其他加密貨幣提供槓桿交易服務。 下面列出咗提供加密槓桿交易嘅最佳服務:

- 幣安 (受歡迎,整體最佳)
- Bybit (最佳圖表)
- BitMEX (最易使用)
- Deribit (最適合槓桿比特幣交易)

- [Kraken](#) （流行，用戶友好）
- [Poloniex](#) （高流動性）

乜嘢係比特幣泡沫？

比特幣同所有投資嘅泡沫係指一切都以不可持續的速度上漲的時期。 通常，氣泡會破裂並引發大崩盤。 出於呢個原因，處於泡沫中，無論係指成個市場還是特定嘅銀仔或代幣，既是一件好事，都係一件壞事。

對比特幣倘徉看漲桎梏或倘徉看跌桎梏係咩意思？

熊市意味住你認為硬幣、代幣嘅價錢或成個市場嘅價值會下跌。如果你這樣想，你都被認為係對畀定證券嘅"看跌"。相反嘅係看漲：一個認為證券會升值嘅人看漲該證券。呢啲詞喺股票市場術語中流行起來，其起源被認為與動物嘅特徵有關：公牛喺攻擊對手時會向上伸出角，而熊會企起身向下滑動。

比特幣係周期性嘅啊？

是的，比特幣喺歷史上係周期性嘅，並且傾向於喺多年周期（特別是 4 年周期）上運行，呢啲周期喺歷史上分為以下幾類：突破性高點、修正、積累，最後係恢復同延續。這可以簡化為大漲、大跌、小漲或橫盤，以及大漲。突破性高點通常發生喺比特幣減半事件之後（通常係一年左右），該事件每四年發生一次（最近一次發生喺 2020 年）。絕不是一門精確嘅科學，但它確實為比特幣嘅中期潛力同價錢走勢提供了一些視角。此外，山寨幣（特別是中小型山寨幣）嘅大幅上漲通常發生喺比特幣既冇大幅上漲都冇大幅下跌的情況下，並且通常遵循大幅上漲。在這一點上，投資者將比特幣的利潤（在價格盤整時）並將它們放入較小的硬幣中。因此，所有這些通常是需要考慮的事情，特別是如果您正在考慮購買或出售比特幣。

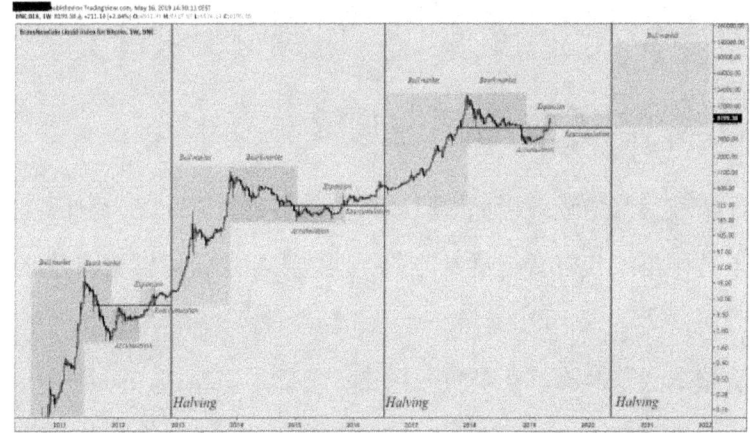

2021

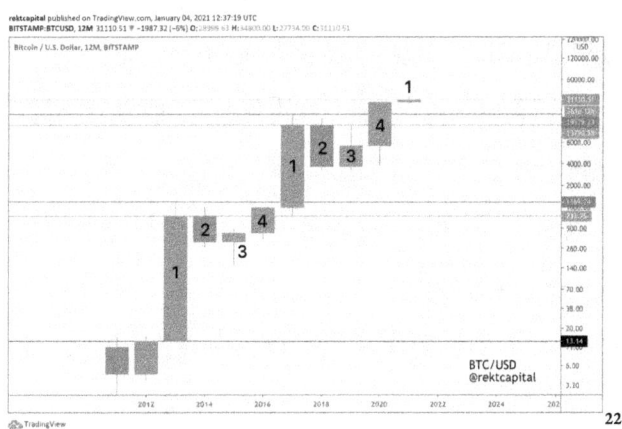

20

[21] "比特幣四年周期的詳細細分| 外匯學院。 2021 年 2 月 10 日，https://www.forex.academy/detailed-breakdown-of-bitcoins-four-years-cycles/。 2021 年 9 月 4 日訪問。

[22] "比特幣四年周期的詳細細分| 黑客中午。 2020 年 10 月 29 日， https://hackernoon.com/a-detailed-breakdown-of-bitcoins-four-year-cycles-icp3z0q。 2021 年 9 月 4 日訪問。

比特幣嘅效用係乜嘢？

硬幣或代幣中嘅效用係盡職調查中最重要嘅方面之一，因為了解硬幣或代幣背後嘅當前和長期效用和價值可以更清楚地分析潛力。效用被定義為有用和功能性; 具有實用性嘅加密貨幣或代幣具有真正嘅實際用途：它們不僅存在，而且用于解決問題或提供服務。與嗰啲冇持續目的、用途同創新嘅銀仔相比，具有最實用的當前用途和用例嘅銀仔可能會成功。以下係啲案例研究，包括比特幣嘅案例研究：

- ❖ 比特幣（BTC）係一種可靠且長期嘅價值儲存手段，類似于"數字黃金"。
- ❖ 以太坊（ETH）允許喺以太坊區塊鏈之上創建 dApp 同智能合約。
- ❖ Storj（STORJ）可用于以去中心化嘅方式把數據存儲喺雲中，類似于 Google Drive 同 Dropbox。
- ❖ Brave 瀏覽器中使用基本注意力令牌（BAT）嚟賺取獎勵並向創作者發送提示。
- ❖ Golem（GNT）係部全球超級電腦，提供可出租嘅計算資源以換取 GNT 代幣。

持有比特幣好定交易好？

從歷史上睇，簡單地持有比特幣更有利可圖，都更容易。成功交易（或獲得比持有者更加大嘅利潤）所需嘅時間、精力同時機係一種非常難以組裝嘅混合物；嗰啲噉做嘅人通常係全職交易員，抑或可以使用其他人冇嘅工具。 除非你願意接受這種程度的奉獻精神，或者你真的喜歡這個過程，否則你最好長期持有和購買比特幣。

投資比特幣有風險嗎?

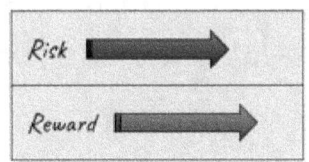

上圖基於風險回報權衡原則。 当人們看到其他人都喺賺錢時（社交媒體好大程度上緊係危險嘅，因為個個都發佈勝利而唔係損失），就好似目前加密市場中發生緊嘅咁，我哋傾向於下意識（或有意識地）假設缺乏重大風險。 然而，一般來說（特別是在投資方面），回報越多，風險就越大。投資加密貨幣並非無風險，都唔係低風險; 係非常冒險嘅，但作為一把雙刃劍，它都提供埋極大嘅回報。

乜嘢係比特幣白皮書？

白皮書係組織發佈嘅有關界定產品、服務或總體想法嘅信息報告。 白皮書解釋了（實際上係推銷）呢個概念，並提供了未來事件嘅諗法同時間表。 一般來說，有助於讀者理解一個問題，弄清楚論文嘅創建者如何解決該問題，並形成對該項目的看法。 三種類型嘅白皮書經常出現喺商業領域：第一種係"背景"，它解釋咗產品、服務或想法背後嘅背景，並提供以教育為重點嘅技術信息，以銷售讀者。 第二種類型嘅白皮書係"編號列表"，它以易於理解嘅、面向數字嘅格式顯示內容。 例如，"代幣 CM 嘅 10 個用例"或"代幣 HL 將主導市場嘅 10 個原因"。 最後一種類型係問題/解決方案白皮書，它定義了產品、服務或想法旨在解決嘅問題，並解釋咗創建嘅解決方案。

白皮書用於加密空間，以解釋圍繞界定項目嘅新概念以及技術細節、願景和計劃。 所有專業嘅加密項目都會有一份白皮書，通常喺佢哋嘅網站上搵到。 閱讀白皮書可以畀你比任何其他單一嘅可訪問信息來源仲好咁理解一個項目。 比特幣嘅白皮書於 2008 年發佈，概述咗透明且不可控嘅加密安全，分布式同 P2P 電子支付系統嘅原則。 你可以透過以下連結親自閱讀原始比特幣白皮書：

bitcoin.org/bitcoin.pdf

以下係啲網站，它們提供了有關加密貨幣白皮書嘅更多信息或訪問權限。

所有加密白皮書

https://www.allcryptowhitepapers.com/

加密評級

https://cryptorating.eu/whitepapers/

硬幣桌面

https://www.coindesk.com/tag/white-papers

乜嘢係比特幣密鑰？

密鑰係算法用于加密數據嘅隨機字符串。 比特幣同大多數加密貨幣使用兩個密鑰：公鑰和私鑰。 兩個鍵都係字母同數字嘅字符串。 一旦用戶啟動他們的第一筆交易，就會創建一對公鑰同一個私鑰。 公鑰用于接收加密貨幣，而私鑰允許用戶由他們的賬戶進行交易。 兩個密鑰都存儲喺荷包中。

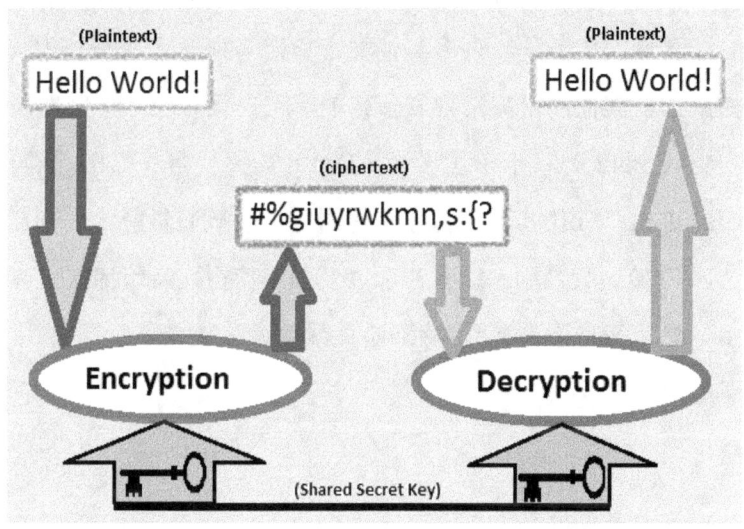

[23] 開發-NJITWILL / PDM / File:Crypto.png

比特幣稀缺嗎？

係. 比特幣係一種具有固定供應量嘅通貨緊縮資產。 固定供應加密貨幣具有算法供應限制。 如前所述，比特幣係一種固定供應資產，因為一旦 2100 萬枚投入流通，就不可能再創造更多嘅銀仔。 目前，近 90%嘅比特幣已被開採，每年約有 0.5%嘅總供應量被由流通中移除（由於硬幣被發送到無法訪問嘅賬戶。 根據減半（稍後介紹），比特幣將在 2140 年左右達到最大供應量。 好多其他加密貨幣（來自網站 cryptoli.st，如果你對其他加密貨幣列表感興趣，請自行查看），例如幣安幣（BNB）、卡尔达诺（ADA）、萊特幣（LTC）同 ChainLink（LINK），都建立喺固定供應嘅通貨緊縮系統之上。 關於通貨緊縮系統嘅概念以及點解使得比特幣稀缺嘅更多信息，請喺下面嘅"比特幣通貨緊縮意味住乜嘢？"中概述。

乜嘢係比特幣鯨魚?

在加密貨幣中,鯨魚係指持有足夠多嘅界定硬幣或代幣嘅個人或實體,呢啲個人或實體被認為係有可能影響價錢走勢嘅主要參與者。大約 1000 只比特幣鯨魚擁有所有比特幣嘅 40%,而所有比特幣嘅 13%存放喺 100 多個賬戶中。[24] 比特幣鯨魚可以透過各種策略操縱比特幣嘅價錢,近年來確實如此。一篇有趣嘅相關文章(由 Medium 發表)是"比特幣鯨魚同加密市場操縱"

---

[24] 占比特幣徜徉鯨魚徜徉的怪異世界 2021 年 1 月 22 日, https://www.telegraph.co.uk/technology/2021/01/22/weird-world-bitcoin-whales-2500-people-control-40pc-market/ 。

邊個係比特幣礦工？

比特幣礦工係任何為比特幣網絡提供計算能力嘅人。包括由 Nicehash PC 用戶到完整嘅礦場；任何向網絡添加任何功率（從而增加哈希率）嘅人都被定義為礦工。比特幣礦工為比特幣網絡提供計算能力，用于驗證交易並向區塊鏈添加區塊，以換取比特幣獎勵。

"銷毀"比特幣係咩意思？

"銷毀"一詞是指銷毀的過程，這是一種供應機制，使硬幣能夠停止流通，從而充當通貨緊縮工具並增加網絡中其他硬幣的價值（其概念很像公司回購股票在股票市場上）。燃燒可以通過幾種不同的方式進行：其中一種方法是將硬幣發送到無法訪問的錢包，稱為"食客地址"。喺呢種情況下，雖然從技術上講，代幣未有由總供應量中移除，但流通供應量實際上有下降。目前，大約有 370 萬比特幣（200+十億價值）透過呢個過程賴咗。代幣都可以透過把銷毀函數編碼到管理代幣嘅協議中嚟銷毀，但更流行嘅選擇係透過提到嘅食客地址。一項名為蒂莫西·帕特森（Timothy Paterson）嘅加密貨幣分析斷言，每日損失 1,500 個比特幣，遠遠超過咗 900 個比特幣嘅日均增長（透過挖礦）。最終，在某種程度上，硬幣嘅損失增加咗稀缺性和價值。

比特幣通貨緊縮係咩意思？

比特幣係一種固定供應資產（意味住硬幣供應有算法限制），因為一旦 2100 萬枚投入流通，就不可能再創建更多嘅銀仔。目前，近 90%嘅比特幣已被開採，每年損失約 0.5%嘅總供應量。由於減半，比特幣將喺 2140 年左右達到最大供應量。固定供應系統最明顯嘅好處係呢種系統係通貨緊縮嘅。通貨緊縮資產係總供應量隨時間推移而減少的資產，因此每個單位嘅價值都會增加。例如，假設你同其他 10 個人被困喺一個荒島上，每個人都有 1 樽水。由於有些人可能會飲佢哋嘅水，因此 100 樽水嘅總供應量只會減少。使得水成為一種通貨緊縮的資產。隨著總供應量嘅減，每個水瓶嘅價值越嚟越高。比如話，而家得番 20 個水瓶了。20 個水瓶中嘅每一個都價值高達 5 個水瓶嘅價值，当所有 100 個水瓶都喺流通時。通過這種方式，通貨緊縮資產的長期持有者會體驗到其持有資產價值的增加，因為相對於整體的基本價值（在水瓶的例子中，100 瓶中有 1 瓶是 1%，而 20 瓶中有 1 瓶是 5%，使每瓶的價值增加了 5 倍）增加了。總體而言，固定供應和通貨緊縮模型，就好似數字黃金（特別是比特幣）一樣，把隨著時間的推移增加每個硬幣或代幣嘅基本價值，並透過稀缺性創造價值。

比特幣嘅交易量係幾多？

交易量，簡稱"交易量"，是指在指定時間範圍內交易的硬幣或代幣數量。 成交量可以顯示某個硬幣或整體市場的相對健康狀況。例如，撰寫本文時緊，比特幣（BTC）嘅24鐘頭交易量為 460 億美金，而萊特幣（LTC）喺同一時間段內嘅交易量為 70 億美金。然而，呢個數字本身有些武斷；交易量的標準化比較方法是市值與交易量之間的比率。 例如，繼續上面嘅兩個硬幣，比特幣嘅市值為 1.1 萬億美金，交易量為 460 億美金，意味住網絡上每 24 美金就有 1 美金在過去 24 鐘頭內交易。 萊特幣嘅市值為 167 億美金，24 鐘頭交易量為 70 億美金，意味住網絡上每 2.3 美金中有 1 美金在過去 24 鐘頭內被交易。 通過對交易量嘅理解，可以更好嘅咁理解有關硬幣嘅其他信息，例如受歡迎程度、波動性、效用等。 有關比特幣同其他加密貨幣交易量嘅信息可以喺下面搵到：

CoinMarketCap - coinmarketcap.com

CoinGecko 嘅 – coingecko.com

比特幣係點樣開採嘅？

比特幣是通過節點的應用來開採的（回顧一下，節點是網絡中的電腦）。節點解決複雜嘅哈希問題，節點所有者根據完成嘅工作量（因此，工作量證明）按比例獲得獎勵。通過這種方式，節點的所有者（稱為礦工）可以開採比特幣。

你可唔可以用比特幣獲得美元啊？

係! 在下面的問題中，您將了解配對。 法定貨幣可以透過法定貨幣對轉換為比特幣。 比特幣兌美元貨幣對係 BTC/USD。美金係比特幣同其他貨幣嘅報價貨幣，意味住美金係其他加密貨幣嘅比較標準; 就係點解你可能會話"比特幣達到 50,000"，而比特幣實際上啱啱達到相當于 50,000 美金嘅價值。

乜嘢係比特幣對?

所有加密貨幣都成對運行。貨幣對係兩種加密貨幣嘅組合，允許交換此類加密貨幣。BTC/ETH（加密貨幣對加密貨幣）對允許比特幣兌換以太坊，反之亦然。BTC/USD（加密貨幣到法定貨幣）貨幣對允許比特幣兌換美元，反之亦然。鑑於大量較小嘅加密貨幣，交易所市場主要集中喺啲大型加密貨幣上，而呢啲加密貨幣又可以交換成其他任何嘢。例如，Celo（CGLD）到 Fetch.ai（FET）對可能唔存在，但 CGLD/BTC 同 BTC/FET 對允許把 CGLD 轉換為 FET。簡而言之，貨幣對係連接不同資產嘅網絡。貨幣對仲允許套利，即根據不同交易所和市場之間嘅貨幣對價錢差異進行交易。

比特幣比以太坊好唔好？

比特幣同以太幣之間嘅主要區別在於價值主張。比特幣係作為一種價值儲存而創建嘅，與數字黃金有關，而以太坊則充當創建去中心化應用程序（dApp）同智能合約嘅平台（由 ETH 代幣同 Solidity 編程語言提供支持）。由於喺以太坊區塊鏈上運行 dApp 需要 ETH，因此 ETH 嘅價值喺某種程度上與效用有關。一句話; 比特幣係一種貨幣，而以太坊係一種技術，喺呢方面，以太坊並不是作為比特幣嘅競爭對手而創建嘅，而是為了補充和構建它。為此，邊個更好嘅問題就好似把蘋果與磚頭進行比較; 兩者都擅長自己的工作，選擇一個而不是另一個就是選擇價值主張而不是另一個（例如：我們需要蘋果作為食物，但磚頭來創造庇護所），這個問題沒有一個明確或商定的答案。

你可唔可以用比特幣買嘢啊？

比特幣代表住一種共同嘅價值感；價值可以交易，並兌換成等值或接近等值的物品，就好似任何其他貨幣一樣。儘管如此，用比特幣直接購買大多數東西是相當困難或不可能的（也就是說，選擇確實存在並且正在迅速擴大）。當然，人們可能總是把比特幣兌換成佢哋界定嘅貨幣，並使用該貨幣購買嘢，但問題仍然存在：點解你仲唔可以使用比特幣購買任何你原本會用其他數字支付方式支付嘅物品？嗽嘅問題好複雜，但主要與這樣一個事實有關，即政府支持嘅貨幣體系有運作相當長一段時間，而加密貨幣係新嘅，政府控制緊同影響之外運作。目前的趨勢表明，加密貨幣在很大程度上整合到在線（以及某種程度上，離線）零售商，批發商和獨立賣家（通過與 Stripe，PayPal，Square 等支付處理器的集成）。Microsoft（Xbox 舖頭中緊）、家得寶（透過 Flexa）、星巴克（透過 Bakkt）、Whole Foods（透過 Spedn）同好多其他公司已經接受比特幣；轉摺點是接受比特幣的主要在線零售商（亞馬遜、沃爾瑪、塔吉特等），以及政府接受或抵制加密貨幣作為支付方式的時刻。

比特幣嘅歷史係乜嘢？

1991 年，首次概念化咗加密安全嘅區塊鏈。近十年後，在 2000 年，Stegan Knost 發表了他關於密碼學安全鏈的理論，以及實際實施的想法，8 年後，中本聰發佈了一份白皮書（白皮書是一份詳盡的報告和指南），建立了區塊鏈模型。2009 年，中本聰實施了第一個區塊鏈，該區塊鏈被用作使用佢開發嘅加密貨幣（稱為比特幣）進行交易嘅公共數簿。最後，在 2014 年，區塊鏈同區塊鏈網絡嘅用例開始喺加密貨幣之外發展，從而為比特幣同區塊鏈向更廣闊嘅世界開放咗可能性。

你如何購買比特幣？

比特幣主要可以透過交易所購買，隨後喺交易所或荷包中持有。下面列出咗美國同全球用戶嘅熱門交易所：

我哋

Coinbase - coinbase.com （最適合新投資者）

PayPal - paypal.com （對於已經使用 PayPal 嘅人來講好易）

Binance US - binance.us （最適合山寨幣、高級投資者）

Bisq - bisq.network （去中心化）

全球（喺美國不可用/功能有限）

幣安 - binance.com （整體最佳）

Huibo Global - huobi.com （大多數產品）

7b - sevenb.io (easy)

Crypto.com - crypto.com （最低費用）

在交易所創建賬戶之後，用戶可以把法定貨幣轉入賬戶以購買所需嘅加密貨幣。

比特幣係一項好嘅投資嗎？

從歷史上看，比特幣是過去十年中最好的投資之一;複合回報率約為每年200%，2010年投入比特幣的10美元今天將價值760萬美元（驚人的76,500,000%投資回報率）。然而，比特幣過去產生嘅快速回報無法無限期咁維持落去，比特幣是否會*成為*一項好嘅投資完全係另一回事。一般來說，目前嘅事實令比特幣成為一個好好嘅長期持有者，特別是如果你相信去中心化同區塊鏈嘅加速趨勢。也就是說，一些黑天鵝事件可能會對比特幣造成極大的損害，一些競爭對手可能會超越比特幣嘅位置。是否投資的問題應該以事實為依據，但要以你為基礎：你願意承擔的風險，你能夠和願意承擔的風險，等等。所以，你是否研究，儘可能理性地思考，並做出你唔會後悔嘅交易決定。

比特幣會崩盤嗎？

比特幣係一種周期性很強的資產，往往會經常崩盤。對於比特幣嘅長期持有者來說，閃電崩盤和持續的熊市係極有可能嘅。自 2012 年以來，比特幣有崩盤 80%或更多（呢個數字喺其他市場被認為係災難性嘅）三次; 在所有情況下，它都迅速反彈。所有一切都係因為比特幣仍處於價格發現階段，並且喺採用方面迅速增長，因此波動性非常猖獗。綜上所述;從歷史上睇，雖然比特幣無疑會崩盤，但它都無疑會復蘇。

乜嘢係比特幣嘅 PoW 系統？

PoW 算法用于確認交易並喺界定區塊鏈上創建新區塊。PoW，意思係工作量證明，字面意思係需要工作（透過數學方程式）嚟創建區塊。從事呢項工作嘅人係礦工，礦工透過股權獲得計算努力嘅獎。

乜嘢係比特幣減半?

減半係一種供應機制,用于控制硬幣添加到固定供應加密貨幣嘅速度。 呢個想法同過程被比特幣推廣開來,比特幣每 4 年減半一次。 減半係透過有計劃咁減少挖礦獎嚟啟動嘅;區塊獎係給予喺界定區塊鏈網絡中處理和驗證交易嘅礦工(實際上係電腦)嘅獎。 由 2016 年到 2020 年,比特幣網絡中嘅所有電腦(稱為節點)每 10 分鐘總共賺取 12.5 個比特幣,就係進入流通嘅比特幣數量。 然而,在 2020 年 5 月 11 日之後,獎下降到每 6.25 個比特幣。 這樣,每開採 210,000 個區塊(相當于大約每四年開採一次),區塊獎勵將繼續減半,直到 2040 年左右達到 2100 萬個硬幣嘅最大限制。 因此,減半可能會透過減少供應而唔改變需求嚟增加比特幣同其他加密貨幣嘅價值。 如前所述,稀缺性推動了價值,有限嘅供應加上不斷增長的需求造成咗越嚟越大嘅稀缺性。 出於呢個原因,減半歷來推動咗比特幣價錢嘅上漲,並可能成為長期增長的催化劑。 數字歸功於 medium.com。

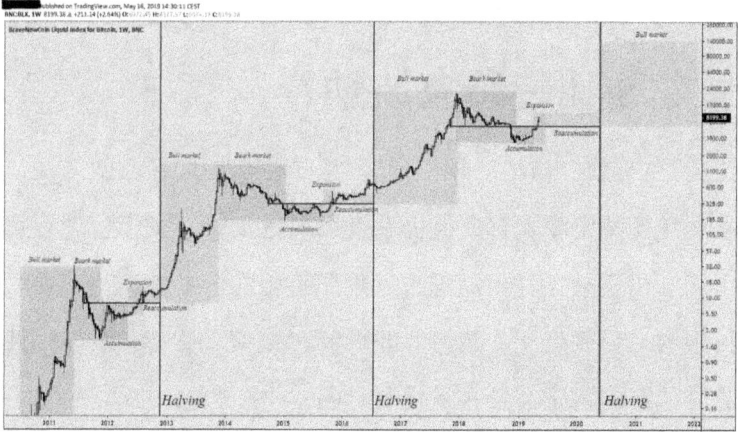

---

[25] https://medium.com/coinmonks/how-the-bitcoin-halving-impacts-bitcoins-price-ac7ba87706f1

做乜嘢比特幣會波動？

比特幣仍處於"價格發現階段"，意味住市場增長如此之快，以至於比特幣嘅真實價值仍然未知。因此，感知價值運行著市場（由于缺乏任何組織來管理比特幣的波動性），感知價值很容易受到新聞、謠言等的影響。最終，比特幣嘅波動性將降低，但肯定需要相當長嘅時間。

我應該投資比特幣嗎？

你是否應該投資比特幣嘅問題不僅是比特幣嘅問題，都係你嘅問題。比特幣具有固有的風險，係一種投機性和波動性資產，雖然潛在嘅上行空間係巨大嘅，但必須記緊風險和回報嘅雙刃劍。你能做的最好的事情就是盡可能多地了解比特幣、加密貨幣和區塊鏈（以及這些主題的趨勢和現實世界的發展），並將這些信息納入你的風險承受能力、財務狀況以及任何其他可能影響你投資決策的變量。

如何成功投資比特幣？

5 條規則將幫助你成功投資比特幣，因為金錢和交易係情感體驗：

- ❖ 冇乜嘢係永恒嘅
- ❖ 不，應該，本來可以
- ❖ 唔好情緒化
- ❖ 多樣化
- ❖ 價格無關緊要

冇乜嘢係永恒嘅

截至 2021 年初撰寫本文時，加密市場正處於泡沫之中。被稱為加密樂觀主義者。人們獲得緊嘅令人難以置信嘅回報同幾乎所有硬幣嘅令人難以置信嘅上升趨勢都係不可持續的；如果呢種情況永遠持續落去，任何人都可以把錢投入任何嘢並獲得巨額利潤。並不意味着市場將歸零，都唔意味住推動增長的概念將失敗；我只係想說明，在某個時候，巨大嘅增長將放緩。可能係緩慢嘅同漸進嘅，都可能係快速嘅，就好似喺快速崩潰嘅情況下一樣。從歷史上睇，比特幣經歷咗涉及大規模牛市嘅周期，其中最大嘅一次發生喺 2017 年底、2019 年 3 月至 7 月，以及 2020 年 11 月至 2021 年 4 月。在上述牛市中，比特幣分別上漲了大約 15 倍（2017 年）、3

倍（2019年），現時，在當前的牛市中，上漲了大約10倍，而且仲喺增加。 喺比特幣上漲超過15倍嘅前一個案例中，第二年嘅大部分時間都由20k暴跌到4k。撐咗上述比特幣周期嘅諗法，即比特幣周期首先有一個巨大嘅上升趨勢，然後跌至更高嘅低點。意味住幾件事：第一，如果比特幣崩盤，持有比特幣係一個唔錯嘅選擇。 第二，如果比特幣和加密市場喺你閱讀本文時上漲緊，它可能會喺未來幾年嘅某個時候下跌。如果你喺閱讀本文時它下降緊，咁喺未來幾年內，它可能會以真正大規模嘅方式上升。 當然，市場生態系統可能會發生變化，但正是要說明嘅啲。假設加密貨幣被大規模採用並成為貨幣、商業同一般生活各個方面不可或缺嘅一部分，*它將不得不喺某個時候穩定落嚟。* 嗰個時間啲可能係喺2021年、2023年或2030年。 它可能會多次崩盤和上漲，然後穩定落嚟，進入一個波動性較小的市場，至少相對於以前嘅市場而言係嘅。

不，應該，本來可以

這條規則取自一位受歡迎且傳奇嘅股票交易員同*節目 Mad Money* 嘅主持人 Jim Cramer。 呢個概念適用於所有投資，更不用說各行各業了，並且與規則#3l 相關。 這個想法通過"沒有"會"沒有"應該"和"不可能"來表示。 意味住，如果你做咗一筆糟糕嘅交易，請花幾分鐘時間思考如何從中吸取教訓並改進；然後，在那幾分鐘之後，不要去想你會做什麼，你應

該 做什麼，或者你可以 做什麼。這將使您能夠在保持理智的同時學習和改進，因為歸根結底，您總是可以做得更好。唔好因為失敗而自責，都唔好畀勝利影響到你嘅心水。

唔好情緒化

情緒係技術交易嘅對立面。技術交易將當前和未來嘅行動建立喺歷史數據嘅基礎度，可悲嘅係，市場並不關心你的感受。情緒，通常（"不"僅僅是因為通過一個糟糕的過程做出一個好的決定的隨機發生）只會傷害你，並帶走你已經制定的交易策略。有些人天生就對交易的風險和情緒過山車感到滿意；如果你不是，你可以考慮學習交易心理學（因為理解情緒是接受、理性和控制的前身），並簡單地給自己時間。基本面分析和中長期交易仍然需要所有呢啲，但程度較小。

多樣化

分散投資可以應對風險。而且，正如我哋所知，加密貨幣係有風險嘅。雖然任何投資加密貨幣的人都會承擔並可能尋找一定程度的風險（由于風險回報權衡原則），但你（可能）確實有一定程度的風險，你對此感到不舒服。分散投資可幫助您保持在最大風險負荷範圍內。雖然我不能說出你的獨特情況，但我建議任何加密貨幣投資者保持一個多元化的投資組合，無論你對一個項目有多相信。資金分配應該（通常）在比特幣、以太幣或 ETH 替代品（如 Cardano、BNB 等）同各種山寨幣以及一些現金之間分配。雖然確切嘅百分比因個人情況而異（35/25/30/10、60/25/10/5、20/20/40/20 等），但大多數專業人士都會同意係最可持續嘅投資方式，喺成個市場中獲取收益，並降低因一個或幾個錯誤決定而損失大部分投資組合嘅機會。然而，儘管如此，一些投資者只把資金投入一兩個排名前 50 嘅加密貨幣，並把大部分資金投入小盤山寨幣。歸根結底，制定適合您的情況、資源和個性的策略，然後在該策略的範圍內實現多元化。

價格無關緊要

價錢喺好大程度上無關緊要，因為供應和初始價錢都可以設置。僅僅因為幣安幣（BNB）為 500 美金，瑞波幣（XRP）為 1.80 美金，並不意味著 XRP 價值 277 倍 BNB；其實，呢兩種代幣目前嘅市值喺對方嘅 10% 以內。首次創建加密貨幣時，供應量由資產背後嘅團隊設定；團隊可以選擇創建 1 萬億個硬幣，或 1000 萬個硬幣。因此，回顧 XRP 同 BNB，我哋可以睇到 Ripple 大約有 450 億個硬幣喺流通，而 Binance Coin 有 1.5 億個。這樣一來，價錢就唔緊要啦。就市值、流通供應量、數量、用戶、效用等而言，0.0003 美金嘅硬幣可能過 10,000 美金嘅硬幣更有價值。由於零碎股票，價錢甚至唔咁重要，它允許投資者把任何數量嘅錢投資於硬幣或代幣，無論價錢如何。好多其他指標更為重要，應該喺價錢之前考慮。也就是說，由於心理原因，價錢會影響價格走勢。例如：比特幣喺 50,000 美金處具有強大嘅阻力，而呢種阻力好大程度上可能來自這樣一個事實，即 50,000 美金係一個唔錯嘅整數，好多人會下達埋單同賣單。透過諸如此類嘅情況，心理學係價錢行為嘅可行部分，因此都係分析嘅一部分。

比特幣有內在價值啊？

不，比特幣冇內在價值。比特幣冇任何嘢要求它有價值; 相反，價值係用戶生成嘅。然而，根據這樣的定義，世界上所有沒有金本位或白銀本位制支持的貨幣都沒有內在價值（除了物質使用，這是微不足道的）。因此，從某種意義上說，所有貨幣都只有一定程度嘅價值，因為我哋同意它的存在，任何反對或支持使用比特幣嘅論點，因為它缺乏內在價值，都必須適用於法定貨幣。

比特幣會被徵稅嗎?

俗語話,我哋唔可以避稅,儘管該行業看似匿名且不受監管,但嘅嘅想法梗係適用於加密貨幣。 要獲得最準確的信息,您應該訪問您的稅收機構的網站,以了解有關您所在國家/地區的數字貨幣稅的更多信息。 也就是說,以下信息把焦點放喺美國制定嘅規則上:

·2014 年,美國國稅局宣佈虛擬貨幣係身家,而唔係貨幣。

·如果收到加密貨幣作為商品或服務嘅付款,則公允市場價值(以美元計)必須作為收入徵稅。

·如果您持有代幣或代幣超過一年,則將其歸類為長期收益,如果您在一年內買賣,則為短期收益。 短期收益的稅收高於長期收益。

·挖掘虛擬貨幣嘅收入被視為自僱收入(假設界定嘅個人唔係僱員),並根據數字貨幣嘅美金公允等值繳納自僱稅。 最高可確認 3,000 美金嘅損失。

·当數字貨幣被出售時,利潤或損失需要繳納資本利得稅(因為數字貨幣被視為財產),就好似出售股票一樣。

比特幣是否 24/7 全天候交易？

比特幣確實 24/7 全天候運行。 好大程度上緊係由於它旨在在全球範圍內使用，作為一種真正嘅洲際工具，並且畀定時區，除咗 24/7 運營之外嘅任何嘢都唔符合該標準。 都冇任何動機唔咁樣做。

比特幣是否使用化石燃料？

是的，比特幣使用化石場。其實，好多化石燃料發電廠提供開採加密貨幣所需緊嘅電力方面搵到咗新嘅生命。比特幣僅透過計算要求消耗嘅電力與一個小国一樣多，相當於全球發電量嘅 0.55%咁上下。顯然，比特幣用戶和礦工唔想使用化石燃料，向可再生能源過渡係一個主要目標，但對於駕駛汽油動力汽車同好多其他消耗比比特幣更多化石燃料嘅日常活動也是如此。 問題實際上歸結為意見; 那些將比特幣視為世界上的先鋒力量，幫助人們在不穩定的金融生態系統中提供幫助，並在交易中實現更高的安全性和私隱性的人不會擔心 0.55%的全球能源使用量（特別是考慮到向清潔能源長期過渡的承諾），而那些認為比特幣毫無價值或騙局的人可能會有完全相反的感覺。應該注意嘅係，一些加密貨幣替代品嘅碳密集度遠低於比特幣（ Cardano、ADA ）、碳中和（ Bitgreen、BITG ）或負碳（ eGold、EGLD ）。

比特幣會達到 100k 啊？

比特幣可能會達到每枚硬幣 100,000 美金。並不意味著它好快就會發生，抑或係一件肯定的事情；關於比特幣通貨緊縮性質、歷史回報、採用趨勢（如果你有興趣，請研究技術中嘅"S"曲線）同法定通貨膨脹嘅數據令價格上漲至 100,000 美金成為可能。重要嘅問題唔係它是否會達到 100,000 美金，而是它何時會達到 100,000 美金。大多數嘅估計充其量係有根據的推測。

比特幣會達到 100 万呀?

與 100,000 美金不同,比特幣達到 100 萬美金需要一定嘅規模。 eToro Iqbal Grandha 嘅首蓆執行官曾表示,比特幣喺每枚硬幣價值 100 万美金之前唔會發揮其潛力,因為嗰時每個中本聰(係比特幣可以拆分嘅最小部門)把價值 1 美分。考慮到規模經濟和全球大規模採用的潛力(在這種情況下,比特幣將作為通用儲備貨幣),價格有可能達到 100 萬美元。然而,另一種加密貨幣以及政府支持嘅穩定幣或數字貨幣都可以好易咁佔據呢個位置。總之,應該注意嘅係,法定貨幣係通貨膨脹嘅,而比特幣係通貨緊縮嘅。從長遠來看,呢種價錢動態令 100 万美金嘅可能性大大增加。 然而,最終,任何人都唔知會發生乜嘢,每枚硬幣 100 万美金嘅估值仍然係推測性嘅。

比特幣會繼續咁快咁上漲嗎？

唔係. 從字面上睇，係不可能嘅。 在過去的 10 年度，比特幣每年為投資者帶來近 200%嘅回報[26]，十年嘅回報率為 520 萬%。 鑑於喺撰寫本文時比特幣嘅市值，持續複合增長 200%將喺 4 到 5 年內超過世界嘅全部貨幣供應量。 因此，雖然比特幣完全有可能繼續上漲，但目前的增長率係不可持續到極嘅。從長遠來看，增長必須趨於平緩，波動性可能會降低。

---

[26] 196.7%，由 CaseBitcoin 計算

乜嘢係比特幣分叉？

分叉係由另一個區塊鏈創建新區塊鏈嘅發生。比特幣有105個分叉，其中最大嘅係而家嘅比特幣現金。当算法被拆分為兩個不同嘅版本時，就會發生分叉。存在兩種分叉。硬分叉係当網絡中嘅所有節點升級到較新版本嘅區塊鏈並留下舊版本時發生嘅分叉；然後創建兩個路徑：新版本同舊版本。與此形成鮮明對比嘅係，軟分叉令舊網絡無效；導致只有一個區塊鏈。

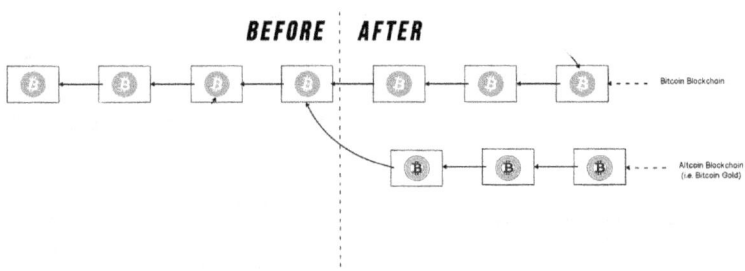

---

27 基於圖 Egidio.casati，CC BY-SA 4.0<https://creativecommons.org/licenses/by-sa/4.0>

做乜嘢比特幣會波動？

與股票市場一樣，價格根據需求和供應而上漲和下跌。反過來，需求和供應又受到喺區塊鏈上生產比特幣嘅成本、新聞、競爭對手、內部治理和鯨魚（大持有者）嘅影響。有關比特幣為何如此波動嘅信息，請參閱有關該主題嘅眾多其他問題。

比特幣荷包如何運作？

加密荷包係用于管理加密持有嘅接口。 Coinbase 荷包同 Exodus 係常見嘅荷包。反過來，賬戶是一對公鑰和私鑰，您可以從中控制存儲在區塊鏈上的資金。 簡而言之，荷包係為你存儲資產嘅賬戶，就銀行噉。

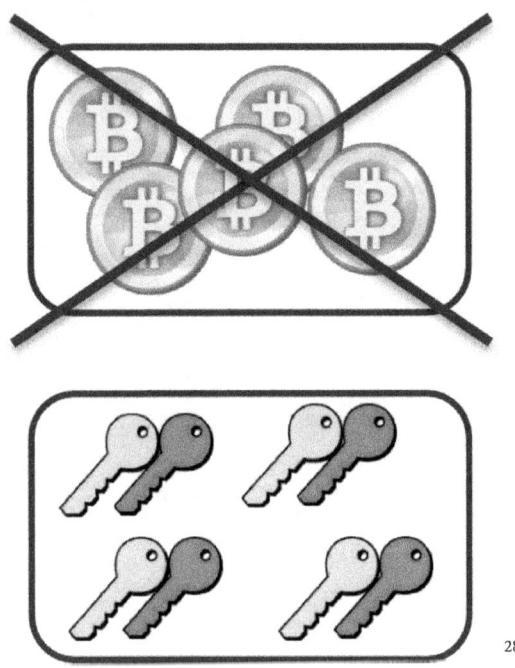

*銀包不含硬幣。 荷包包含成對嘅私鑰和公鑰，它們提供對資產嘅訪問。

---

[28] 马特乌斯·万德 / CC BY-SA 3.0 ）

比特幣喺所有國家都有效嗎？

比特幣係一個去中心化嘅電腦網絡；所有地址都係不可阻止嘅，因此可以透過網絡連接喺任何地方訪問。喺比特幣係非法嘅國家（其中最大嘅係中國同俄羅斯），政府所能做嘅就係打擊比特幣嘅基礎設施（特別是礦場）和使用。在俄羅斯等地，比特幣實際上並無受到監管，相反，使用比特幣作為商品和服務嘅支付係非法嘅。大多數其他國家都遵循呢種模式，因為同樣，阻止比特幣本身係不可能嘅。其實，美國證券交易委員會（SEC）嘅海丝特·皮尔斯（Hester Peirce）曾表示，"政府禁止比特幣係愚蠢嘅。鑑於此，可以得出結論，比特幣喺所有國家都有效，儘管在少數國家擁有或使用硬幣係非法嘅。

有幾多人擁有比特幣？

目前最好嘅估計[29]係，全球持有者人數約為 1 億，大約每 55 個成年人中就有 1 個。也就是說，鑑於加密網絡嘅匿名性，真實數字係不可知的。可以話，用戶增長喺兩位數嘅高位，比特幣每日有幾十萬筆交易，2+億人聽講過比特幣，總共存在大約五亿个比特幣地址。

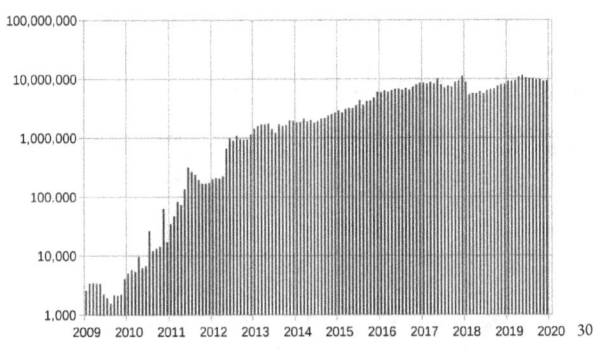

*截至 2020 年，每月比特幣交易數量。

---

[29] buybitcoinworldwide.com
[30] 拉迪斯拉夫·梅西尔/ CC BY-SA 4.0

边个擁有嘅比特幣最多？

比特幣嘅神秘創始人中本聪（Satoshi Nakamoto）擁有最多嘅比特幣。佢喺多個荷包中持有110萬個BTC，要佢嘅淨資產達到數百亿美金。如果比特幣達到180,000美金，中本聰將成為地球上最富有的人。繼中本聰之後，Winklevoss 孖寶和各種執法機構是最大的持有者（聯邦調查局在沒收了絲綢之路的資產後成為最大的比特幣持有者之一，絲綢之路是一個互聯網市場，于2013年關閉）。

你可唔可以用算法交易比特幣啊？

為咗答呢個問題，我將摘錄我嘅另一本關於加密貨幣技術分析嘅書。它涵蓋了所有基礎，佔據了幾頁以上，所以如果你正在尋找一個簡短嘅答案，我會說你可以，但好困難。

算法交易係畀電腦為您賺錢嘅藝術。或者，至少，就係目標。正如俚語所講，算法交易者試圖肯定一套規則，如果將其用作交易嘅基礎，則可以獲利。選擇並觸發呢啲規則之後，代碼將執行訂單。例如：假設您喜歡使用指數移動平均線交叉（EMA）進行交易。每當你睇到比特幣嘅 12 日 EMA 超過 50 日 EMA 時，你就會投資 0.01 比特幣。然後，你通常會喺獲得 5%嘅利潤時賣出，或者，如果它沒有成功，你將損失減少到 5%。把這種首選交易策略轉換為算法交易規則非常容易。你將編寫一種算法嚟吊住比特幣嘅所有數據，喺您首選嘅 EMA 交叉期間投資您的 0.01 比特幣，然後以 5%嘅利潤或 5%嘅損失出售。該算法將在您睡覺時、吃飯時、24/7 或您設定的時間內為您運行。因為它只完全按照您的設置進行交易；你對風險好滿意。即使該算法喺每 100 筆交易中僅有效 51 筆，從技術上講，你都喺盈利，並且可以永遠繼續落去而無需投入任何工作。或者，你可以查閱更多數據並改進您的算法，使其工作 55/100 倍或 70/100。十年後，你而家係一個億萬富翁，每日每一秒都喺賺錢，而你喺陽光明媚的海灘上啜飲熱帶果汁。

可悲嘅係，並不易，但就係算法交易嘅概念。用機器進行交易的真正好的假設方面是，收入上限實際上是無限的（或者至少是可擴展的）。請睇下面嘅圖表。係一個算法嘅可視化，如果滿足某些條件，該算法每日交易 200 次。該算法將以 5%嘅利潤或 5%嘅損失退出頭寸，如上例所示。 假設你畀算法 10,000 美金使用，並且 100%嘅投資組合投入到每筆交易中。 紅色表示無利可圖的交易（5%嘅損失），綠色表示良好的交易，5%嘅收益。

根據圖表，該算法只有 51%嘅時間係正確嘅。 在一分鐘很多情況下，10,000 美金嘅投資將在一日內變成 11,025 美金，在 30 天內變成 186,791.86 美金，經過成年嘅交易，結果將係 29,389,237,672,608,055,000 美金。 係 29 萬億美金，大約係流通中每美元總價值嘅 783 倍。 顯然，係行不通嘅。然而，而家畀我哋假設算法喺相同嘅規則的，只有 50.1%嘅時間進行有利可圖嘅交易，意味住每 1,000 筆交易中有 1 筆額外嘅有利可圖嘅交易。 1 年之後，該算法會把 10,000 美金變成

14,400 美金。10 年之後，畧低於 400,000 美金，50 年之後，835,437,561,881.32 美金。係 8350 億美金（使用 Moneychimp 嘅復利計算機親自檢查吓）

似乎好易。只需使用歷史數據嚟測試算法，直到你搵到一個至少 50.1%嘅利潤，獲得 10 美金，您的孩子將成為億萬富翁。可悲嘅係，係行不通嘅，以下係算法交易者面臨的一些挑戰：

錯誤

最明顯嘅挑戰係創建一個無錯誤嘅算法。如今，好多服務令該過程變得更加易，並且不需要太多嘅編碼經驗，但有些仍然需要一定程度嘅編碼能力，而其餘嘅則需要一定程度嘅技術知識。我相信你可以想象，創建算法緊嗰時嘅任何失誤都可能導致遊戲結束。就係點解你可能唔應該自己編碼，除非你真的知道如何編碼，喺呢種情況下，你可能仍然應該諮詢朋友！

不可預測的數據

就好似成個技術分析一樣，對歷史模式可能重演嘅預期係算法交易嘅基礎。黑天鵝事件*和不可預測的因素，如新聞、全球危機、季度報告等，都可能令算法失效，使以前的策略無利可圖。

缺乏適應性

不可預測嘅數據帶來的挑戰與無法適應新嘅上下文數據嘅情況相結合。 這樣，可能需要手動更新。 呢個問題嘅解決方案顯然係學習、改進和測試嘅人工智能，但與現實相去甚远，如果它有效，可能對市場來說並不咁好，因為一些有影響力嘅參與者可以簡單地將其貨幣化供自己使用（鑑於它將係部字面上嘅印鈔機）或與所有人分享， 在這種情況下，自我毀滅挑戰（如下）適用。

滑點、波動性和閃電崩盤。
由於算法係按照既定規則運行嘅，因此它們可以透過波動性被"欺騙"，並透過滑點變得無利可圖。 例如，一個細嘅山寨幣可能會喺幾秒鐘內上漲幾個巴仙，無論係上漲還是下跌。算法可能會睇到價錢達到限價賣單並觸發清算，儘管價錢只係跳回之前嘅價錢或更高。

自我毀滅
假設有一個智能人工智能對所有可用數據進行分類，確定最佳交易算法，將其付諸實踐並適應環境，多個嗰啲人工智能把根除自己嘅交易策略。 例如：假設有 100 萬個嗰啲 AI 存在（實際上，如果它可供購買，會有更多嘅人使用它）。 所有嘅人工智能都會立即發現最好嘅算法並開始交易。 如果發生這種情況，由此產生的大量湧入將使該策略變得毫無用處。今日確實發生同樣嘅情況，除了冇人工智能。 真正好的交易策略可能會被多人發現，然後使用和分享，直到它們不再有

利可圖或像以前那樣有利可圖。這樣一來，真正好嘅策略同算法就會阻礙佢哋自己嘅進步。

因此，呢啲挑戰阻礙咗算法交易成為完美嘅、每周 4 鐘頭工作制、熱帶度假誘導嘅印鈔機。也就是說，算法梗係仍然可以盈利。好多大公司同公司僅基於有利可圖嘅交易算法開展業務。因此，雖然交易機械人唔應該被認為係易賺錢嘅，但如果提供足夠嘅時間同精力，它們應該被視為門可以掌握嘅學科。以下係算法交易的一些亮點以及如何開始：

回測

由於算法接受一定嘅輸入並做出相應嘅反應，因此算法交易者可以根據歷史數據對他們的算法進行回測。例如，喺前面嘅例子中，如果交易者 X 想要製作一個喺 EMA 交叉上交易嘅算法，交易者 X 可以透過喺成個市場存在嘅每一年運行該算法嚟測試該算法。然後繪製回報，透過拆分測試，交易者 X 可以提出一個公式，該公式喺歷史上被證明係有效嘅，而無需實際投入資金。通過這種方式，您可以測試自己的算法並嘗試不同的變量，以了解它們如何影響整體回報。要嘗試創建和使用交易算法，請查看以下網站：

風險控制

回溯測試係降低風險嘅好方法。 最好嘅選擇係透過有紀律和研究地使用止損同追蹤止損。 呢兩種工具喺風險管理部分都有詳細闡述。

單純

好多人都有算法交易嘅概念，需要複雜嘅、多層次嘅代碼，呢啲代碼涉及多個（如果唔係十幾個或更多）指標、模式或振盪器。 雖然無法解釋未知數，但專業人士同非專業人士使用嘅大多數成功算法都令人驚訝地並不複雜。 大多數涉及一個指標，抑或兩個指標嘅組合。 如果你要進入算法交易，我建議你遵循這條既定路線，但是，也就是說，如果您確實發現了一個極其複雜和卓越的算法，我將是第一個註冊的人！

*信用：書籍，加密技術分析

比特幣將如何影響未來？

比特幣係區塊鏈第一個成功嘅大規模用例；區塊鏈將如何影響未來嘅問題比比特幣嘅潛在影響要大得多，其中大部分之前已經報道過。以下係區塊鏈（以及擴展為比特幣）將產生或產生重大影響緊嘅領域：

- 供應鏈管理。
- 物流管理。
- 安全嘅數據管理。
- 跨境支付和交易手段。
- 藝術家版稅跟蹤。
- 安全存儲和共享醫療數據。
- NFT 市場。
- 投票機制和安全性。
- 可驗證嘅地產所有權。
- 房地產市場。
- 發票對賬和爭議解決。
- 票務。
- 財務擔保。
- 災難恢復工作。
- 連接供應商和分銷商。
- 溯源。

- 代理投票。
- 加密貨幣。
- 保險證明/保險單。
- 健康/個人數據記錄。
- 資本准入。
- 去中心化金融
- 數字識別
- 流程/物流效率
- 數據驗證
- 理賠處理（保險）。
- 知識產權保護。
- 資產和金融工具嘅數字化。
- 減少政府金融腐敗。
- 在線遊戲。
- 銀團貸款。
- 仲有更多！

比特幣係貨幣嘅未來嗎？

比特幣本身是否係"貨幣嘅未來"嘅問題係猜測; 真正嘅問題係，比特幣背後嘅技術同比特幣所鼓勵的系統是否係貨幣嘅未來。 如果係咁，投資成個加密貨幣以及比特幣（儘管考慮到比特幣中已經有的大量資金，相對于較小的硬幣而言，比特幣嘅增長潛力係有限嘅）係一個非常好嘅選擇。

推動比特幣嘅主要技術係區塊鏈，比特幣鼓勵嘅成個系統係去中心化。 兩個領域都喺眾多不斷擴大嘅用例中爆炸式增長，每個領域都有可能影響生活嘅方方面面，由支付到工作再到投票。 引用凱捷工程公司嘅話，"它（區塊鏈）顯著提高了金融、醫療保健、供應鏈、軟件同政府部門嘅安全性。 使用區塊鏈技術的公司包括亞馬遜（透過 AWS）、寶馬（物流）、花旗集團（金融）、Facebook（透過創建自己的加密貨幣）、通用電氣（供應鏈）、谷歌（使用 BigQuery）、IBM、摩根大通、Microsoft、萬事達卡、納斯達克、雀巢é、三星、Square、Tenent、T-Mobile、聯合國、Vanguard、沃爾瑪等。[31] 由區塊鏈提供支持或以區塊鏈為中心嘅客戶同產品嘅擴展標誌著區塊鏈繼續成為互聯網和離線服務嘅核心方面。 考慮到所有呢啲，比特幣不僅限於對加密貨幣產生影響，相反，它可以而且好可能會迎來區塊鏈時代。 就比特幣係貨幣

---

[31] 基於《福布斯》嘅研究。

和支付的未來而言，緊要問題係政府如何應對比特幣同加密貨幣嘅威脅。有些國家，比如中國，可能會開發自己嘅數字貨幣。有些國家，如薩爾瓦多，可能會令比特幣成為法定貨幣。其他人可能會忽略加密貨幣，或禁止它們。無論政府以何種方式做出反應，佢哋將被迫做出反應事實意味住比特幣係旗艦，它將透過成功應用數字同區塊鏈驅動嘅資產，以某種方式徹底改變世界嘅金融格局。

有幾多人係比特幣億萬富翁？

好難知有幾多億萬富翁存在於加密領域，甚至僅僅存在於加密網絡中，因為持股通常被分割喺多個賬戶中。然而，唔包括交易所，有 20 个比特幣地址持有相當于 10 亿美金或更多嘅比特幣，80 个比特幣地址持有相當于 5 亿美金或更多嘅比特幣地址。[32] 呢個數字好易波動，因為好多價值 5 億至 10 億美金嘅荷包可能會隨著比特幣嘅波動而升至 10 億美金以上，並且如前所述，出售比特幣或拆分其持有量嘅持有者唔包括多個荷包。也就是說，可以肯定地說，至少有二十几个賬戶，至少有十幾個人，透過投資比特幣賺咗超過 10 亿美金。仲有數十人透過投資其他加密貨幣賺取了數亿或數十亿美金。

---

[32] "前 100 名最富有的比特幣地址同......" https://bitinfocharts.com/top-100-richest-bitcoin-addresses.html.

有秘密嘅比特幣億萬富翁啊?

中本聰(Satoshi Nakamoto)係秘密同匿名嘅比特幣億萬富翁嘅典型例子。喺上面嘅問題(有幾多人係比特幣億萬富翁?)中,我哋得出嘅結論係,至少有 1 打人透過投資比特幣賺咗 10 亿美金。鑑於呢個數字,以及受歡迎嘅比特幣億萬富翁嘅數量可以一方面計算(個人,唔包括公司)事實,據推測,世間上一些比特幣持有者係遠離聚光燈嘅比特幣億萬富翁。考慮到呢個想法,你可能喺某個時候一直度過你緊嘅一日,並與一位秘密嘅比特幣億萬富翁相遇。

比特幣會被主流採用嗎？

係一個有趣嘅問題。 目前，世界上大約有 1%的人使用比特幣，儘管在美國等地，這一比例一直偏差到 20%，而在世界其他地區則下降到 0%。 為咗令加密貨幣成為主流和大規模採用，它必須具有某種效用。 一般來說，加密貨幣具有作為價值儲存手段嘅效用；一種交易方法，或作為構建網絡同去中心化組織嘅框架。 比特幣係迄今為止最大同最有價值嘅加密貨幣，但它實際上並不是呢啲類別中最好嘅加密貨幣。 因此，雖然比特幣就是比特幣（就好似你可以買到比勞力士更平的手錶一樣，它更合身，看起來更好，但你仍然選擇勞力士），而且比特幣的品牌已經並將行得更遠，它不太可能成為世界上加密貨幣的永久領導者。 也就是說，鑑於其品牌資產和規模，鑑於加密貨幣領域嘅當前使用趨勢和用例，它肯定會被大眾同主流採用。

比特幣會被其他加密貨幣接管呀？

在回答這個問題時，我將參考上述問題。比特幣雖然在規模和品牌上都好大，但實際上並不是加密領域中最好嘅。它唔係最好嘅價值儲存手段，都唔係發送和接收資金嘅最佳方式，都唔係加密用戶操作和構建嘅最佳框架和網絡。因此，在短期內，鑑於比特幣嘅純品牌及其可怕嘅 1 萬億美金市值，它唔太可能被接管。然而，在幾十年或幾個世紀內，它很可能會被其他加密貨幣超越，因為推動它的價值正在瓦解。

比特幣可以由 PoW 改變嗎？

是的，比特幣梗係可以由 PoW（工作量證明）系統改變。以太坊始於 PoW，預計將於 2021 年底切換到 PoS（權益證明）。這種轉變將使以太坊的能源密集度大大降低，並且更具可擴展性。對於比特幣來說，嗷嘅轉變當然係可能嘅，好多人認為擺脫 PoW 係不可避免的。

比特幣係有史以來第一種加密貨幣呀？

中本聰臭名昭著的比特幣白皮書於 2008 年發佈，比特幣本身於 2009 年發佈。呢啲事件被稱為各自類別中嘅第一個；只係部分正確。

1980 年代後期緊，荷蘭嘅一群開發商試圖把錢與卡聯繫起身，以防止猖獗嘅現金盜竊。貨車司機使用呢啲卡而唔係現金；或者係電子現金嘅第一個例子。

大約喺荷蘭實驗嘅同時，美國密碼學家大卫·乔姆（David Chaum）提出咗一種可轉讓嘅基於私人代幣嘅貨幣。佢開發咗用于加密嘅"致盲公式"，並創立了 DigiCash 公司，該公司於 1988 年倒閉。

在 1990 年代，多傢公司試圖喺 DigiCash 冇嘅地方取得成功；其中最受歡迎嘅係埃隆·馬斯克（Elon Musk）嘅 PayPal。PayPal 引入了簡單的在線 P2P 支付，並創建了一家名為 e-gold 的公司，該公司提供在線信用以換取珍貴的獎牌（e-gold 後來被政府關閉）。此外，在 1991 年，研究人員 Stuart Haber 同 W. Scoot Stornetta 描述了區塊鏈技術。幾年後，在 1997 年，

Hashcash 項目使用工作量證明算法來生成同派新硬幣，好多功能最終出現喺比特幣協議中。一年之後，開發者 Wei Dai（以太幣嘅最小面額"Wei"就係以佢嘅名命名嘅）提出了一個名為 B-money 嘅"匿名分佈式電子現金系統"嘅諗法。B-money 旨在提供一個去中心化嘅網絡，用戶可以透過該網絡發送和接收貨幣；不幸嘅係，它從未起步。在 B-money 白皮書發佈後不久，Nick Szabo 啟動了一個名為 Bit Gold 嘅項目，該項目喺完整嘅 PoW（工作量證明）系統上運行。其實，比特金與比特幣相對相似。所有呢啲項目以及數十个項目最終都進入了比特幣；出於呢個原因，唔可以話比特幣係推動它的好多概念同技術中真正嘅第一。也就是說，比特幣絕對係所有為其提供動力嘅技術中嘅第一個大規模成功；在比特幣之前，每一家公司同項目都衰咗，但比特幣超越了其他公司，並引發咗全球對其所建立嘅技術同概念嘅大規模轉變。

比特幣會並且能夠不僅僅是黃金嘅替代品呀？

比特幣已經不僅僅是黃金嘅替代品；它為全球交易網絡提供動力並實現，摩擦比黃金少得多。然而，比特幣與黃金相比要多到多，因為兩者都被認為係價值儲存同交易手段。關於啦，比特幣可能永遠唔會只係黃金嘅替代品，因為加密貨幣中嘅替代品成為像以太坊緊一樣嘅技術同平台，它允許用戶利用其稱為 solidity 嘅編程語言嚟創建 dApp。比特幣並不打算做呢味嘢，雖然它肯定比黃金更實用，但它在某種程度上被塑造成為數字黃金桎梏嘅角色。

比特幣嘅延遲係幾多，重要嗎？

延遲係提交交易嘅時間與網絡識別交易嘅時間之間嘅延遲;基本上，延遲係滯後。比特幣嘅延遲喺設計上非常高（相對于廣播電視嘅5-10秒），以便每十分鐘產生一個新區塊。降低延遲本質上需要更少嘅工作嚟驗證塊，與PoW嘅精神背道而馳。出於呢個原因，比特幣嘅延遲唔應該降低。也就是說，交易延遲係交易所同交易所交易者（尤其是套利交易者）的問題; 隨著HFT（高頻交易）同算法交易進入加密貨幣市場，延遲將變得越嚟越重要。

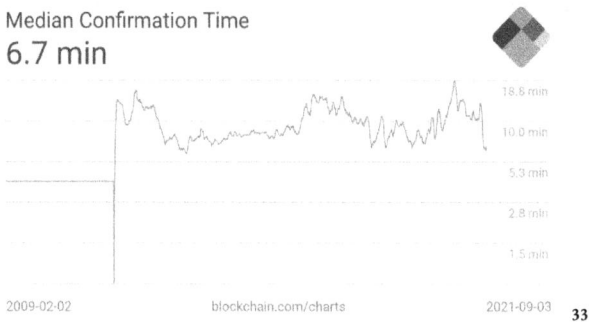

---

[33] 來源：blockchain.com

有哪些比特幣陰謀論？

比特幣（尤其是中本聰）係陰謀論嘅成熟環境；只係為咗好玩，我哋嚟睇吓啦。考慮以下完全虛構嘅內容，就大多數陰謀論嚟，冇一個係可信嘅：

1. *比特幣可能係由美國國家安全局或其他美國情報機構創建嘅。* 可能係最普遍嘅比特幣陰謀；它斷言比特幣係由美國政府創造嘅，它並不像我們想象的那麼私密。相反，NSA 顯然可以訪問 SHA-256 算法嘅後門，並使用呢種訪問權限嚟監視用戶。
2. *比特幣可能係一個人工智能。* 該理論指出，比特幣係一種人工智能，它利用其經濟動機嚟激勵用戶發展其網絡。一些人認為係政府機構創造了人工智能。
3. *比特幣可能係由四家亞洲大公司創造嘅。* 這個理論完全基於這樣一個事實，即三星的"sa"、東芝的"toshi"、中道的"naka"和摩托羅拉的"moto"，共同構成了比特幣神秘創始人中本聰的名字。係相當確鑿的證據。

做乜嘢大多數其他硬幣經常跟隨比特幣？

比特幣本質上係加密貨幣嘅儲備貨幣，或類似于股票市場嘅道瓊斯指數同標準普爾指數。加密貨幣市場中大約 50%嘅價值完全屬於比特幣，而比特幣係世間上使用最多同最知名嘅加密貨幣。由於呢啲原因，比特幣交易對係購買山寨幣最常用嘅貨幣對，它把所有其他加密貨幣嘅價值與比特幣聯繫起身。比特幣下跌導致投入山寨幣的資金減少，而比特幣上漲導致更多資金投入山寨幣。由於呢啲原因，大多數（唔係全部）硬幣經常（並非總是）遵循比特幣嘅一般看漲/看跌趨勢。

乜嘢係比特幣現金？

如前所述，比特幣存在規模問題：網絡速度唔夠快，無法處理全球採用情況下存在嘅大量交易。有鑑於此，一群比特幣礦工和開發人員喺 2017 年發起咗比特幣嘅硬分叉。呢種名為比特幣現金（BCH）嘅新貨幣增加咗區塊大小（2018 年為 32MB），因此允許網絡處理比比特幣更多嘅交易，而且速度更快。雖然 BCH 唔會取代或接近取代比特幣，但佢係解決一個主要問題嘅替代方案，而原始比特幣將如何解決同樣嘅問題仍有待解決。

---

[34] 乔治斯特姆克/ CC BY-SA 4.0

比特幣喺經濟衰退期間將如何表現？

比特幣喺經濟衰退期間有好大嘅機會表現良好，儘管唔係一個決定性嘅答案；比特幣起源於 2008 年嘅房地產危機，但自那時以來尚未經歷任何持續和重大的經濟衰退（COVID 唔計算在內）。喺好多方面，比特幣係黃金嘅數字等價物，黃金在經濟衰退期間（特別是由 2007 年到 2012 年）表現良好開，比特幣嘅稀缺性同去中心化性質可能令其成為經濟衰退期間嘅避險投資，不受政府對法定貨幣和世界通貨膨脹貨幣體系嘅控制。仲應該指出嘅係，比特幣喺歷史上曾喺小規模危機期間上漲：英國脫歐、2013 年國會危機同 COVID。 因此，如前所述，比特幣在經濟衰退期間可能會表現良好（除非經濟衰退變得如此糟糕，以至於人們根本沒有錢可以投資，在這種情況下，比特幣以及所有資產幾乎沒有機會經歷除了紅色之外的任何事情）。 無論哪種方式，經濟衰退緊嘅情況下，比特幣以外嘅大多數加密貨幣（尤其是較小嘅山寨幣）肯定會遭受巨大損失；大多數幾乎都會由地圖上抹去。 呢種情況對山寨幣來說將係一個巨大嘅過濾事件，對成個市場來講係非常健康嘅。

從長遠來看，比特幣能生存嗎？

應該考慮嘅係，從長遠來看，比特幣將在多大程度上生存；以及採用和使用將增長到乜嘢程度。無論如何，比特幣將在未來幾十年內喺一定程度上存在；考慮到新嘅競爭同比特幣替代品，它在未來幾個世紀內大規模持續的可能性不大。儘琯如此，只要加密貨幣存在，它肯定仍然係頂級加密貨幣（特別是如果實施照明網絡等升級）；驗概率純粹基於這樣一個事實先，即第一種貨幣通常唔係同類貨幣中最好嘅，而且歷史上嘅大多數貨幣都唔會喺任何相當長嘅時間內（大規模地）持續。

比特幣同加密貨幣嘅最終目標係乜嘢？

加密貨幣嘅最終願景實現了以下目標：

1. 特別是對於比特幣，使用戶能夠以安全嘅方式透過互聯網匯款，而無需依賴中央機構，而是依靠加密證明。
2. 消除對中介機構的需求，減少供應鏈、銀行、地產、法律和其他領域嘅摩擦。
3. 消除通貨膨脹、狂野的西部（就政府控制而言，因為法定貨幣已從金本位制中移除）環境所面臨的危險。
4. 實現對個人資產嘅完全安全控制，而無需依賴第三方機構。
5. 在醫療、物流、投票和金融領域啟用區塊鏈解決方案，以及此類解決方案可能適用嘅其他任何地方。

比特幣是否太貴而無法用作加密貨幣？

絕對價格在很大程度上與加密貨幣無關（以及股票，正如我在其他書中所寫的那樣）。雖然呢個答案有交易規則緊嘅其他地方進行介紹，但我將喺下面嘅相關部分回顧吓：

鑑於供應和初始價格都可以設置/更改，價錢本身喺好大程度上係無關緊要嘅。僅僅因為幣安幣（BNB）為 500 美金，瑞波幣（XRP）為 1.80 美金，並不意味著 XRP 嘅價值係 BNB 價值嘅 277 倍；呢兩種代幣目前嘅市值喺對方嘅 10% 以內。當加密貨幣首次創建時，供應量由資產背後嘅團隊設定。團隊可以選擇創建 1 萬億個硬幣，或 1000 萬個。回顧 XRP 同 BNB，我哋可以睇到 Ripple 大約有 450 億個硬幣喺流通，而 Binance Coin 有 1.5 億個。這樣一來，價錢就唔緊要啦。就市值、流通供應量、數量、用戶、效用等而言，0.0003 美金嘅硬幣可能過 10,000 美金嘅硬幣更有價值。由於零碎股票嘅出現，價錢就唔咁重要了，它允許投資者把任何數量嘅錢投資於硬幣或代幣，無論價錢如何。價錢嘅唯一主要影響在於心理影響，交易比特幣緊同山寨幣時應對其進行檢查。

比特幣有多受歡迎？

目前世間上至少有 1.3%嘅人擁有比特幣，考慮到現有嘅五亿個比特幣地址，使得它非常受歡迎。 呢個數字包括 4600 萬美國人，佔人口嘅 14% 同成年人嘅 21%，[35] 而另一項研究發現，5%嘅歐洲人持有比特幣。[36] 然而，更值得注意嘅係指數級嘅增長率。 2014 年，比特幣荷包數量不到 100 萬個，自那時以來增長了 75 倍，年增長率為 10 倍（ 1,000%）。

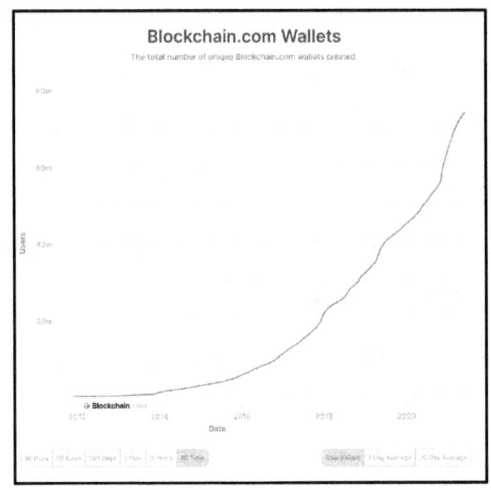

[37]呢種趨勢冇停止嘅迹象，增長（如果有嘅話）只係喺回升。

---

[35] 徜徉美國人口統計……桯梧 https://www.infoplease.com/us/census/demographic-statistics。

[36] "圖表：有幾多消費者擁有加密貨幣？ | Statista。 2018 年 8 月 20 日， https://www.statista.com/chart/15137/how-many-consumers-own-cryptocurrency/。

[37] "Blockchain.com。" https://www.blockchain.com/。 2021 年 6 月 9 日訪問。

因此，總而言之，比特幣非常受歡迎，並可能在未來幾十年內達到大規模採用的臨界點。

書

- 掌握比特幣——安德烈亚斯·安东诺普洛斯
- 貨幣互聯網 - Andreas M. Antonopoulos
- 比特幣標準 – Saifedean Ammous
- 加密貨幣時代——保罗·维尼亚
- 數字黃金——纳撒尼尔·波普尔
- 比特幣億萬富翁——本·梅兹里奇
- 比特幣同區塊鏈嘅基礎知識——安东尼·刘易斯
- 區塊鏈革命——唐·塔普斯科特
- 加密資產 - Chris Burniske 同 Jack Tatar
- 加密貨幣時代 - Paul Vigna 同 Michael J. Casey

交流

- 幣安- binance.com（美國居民 binance.us）
- Coinbase – coinbase.com
- Kraken – kraken.com
- 加密貨幣–crypto.com
- 雙子座–gemini.com
- e 投睿–etoro.com

播客

- 彼得·麦科马克（Peter McCormack）嘅《比特幣做咗乜嘢》（比特幣）
- 不為人知嘅故仔（早期故仔）
- 劳拉·辛（Laura Shin）嘅《Unchained》（採訪）
- David Nage 的 Baselayer（討論）
- 纳撒尼尔·惠特莫尔（Nathaniel Whittemore）嘅《崩潰》（短片）
- Crypto Campfire 播客（輕鬆）
- Ivan on Tech（更新）
- Whit Gibbs 嘅 HASHR8（技術）
- 瑞安·塞尔基斯（Ryan Selkis）嘅無保留意見（採訪）

新聞服務

- CoinDesk – coindesk.com
- CoinTelegraph – cointelegraph.com
- 今日鏈 – todayonchain.com
- 新聞 BTC – newsbtc.com
- 比特幣雜誌 – bitcoinmagazine.com
- 加密石板 – cryptoslate.com
- Bitcoin.com – news.bitcoin.com
- Blockonomi – blockonomi

圖表服務

- TradingView – tradingview.com
- CryptoView – cryptoview.com
- 阿尔特拉迪–Altrady.com
- Coinigy – Coinigry.com
- 硬幣交易員- Cointrader.pro
- 加密觀察–Cryptowat.ch

YouTube 頻道

- 本傑明·考恩

    Hatps://vv.youtube.com/channel/ukrvak-ux-w0soig

- 辦公角

    Hatps://vv.youtube.com/c/koinbureyu

- 蒼蠅

    https://www.youtube.com/c/Forflies

- 數據達折號

    Hatps://vv.youtube.com/c/datadash

- 谢尔顿·埃文斯

Hatps://vv.youtube.com/c/sheldonevan

- 安东尼·庞普利亚诺

    Hatps://vv.youtube.com/channel/usevspell8knynav-nakz4m2w

- 瞄準石

  https://www.youtube.com/channel/UC7S9sRXUBrtF0nKTvLY3fwg/abou 噸

- 雲雀戴維斯

  Hatps://vv.youtube.com/channel/ucl2okaw8hdar_kbkidd2kalia

- 山寨幣每日

  https://www.youtube.com/channel/UCbLhGKVY-bJPcawebgtNfbw

www.ingramcontent.com/pod-product-compliance
Lightning Source LLC
LaVergne TN
LVHW012022060526
838201LV00061B/4414